COMO ENCONTRAR SUA ALMA GÊMEA

Michael

COMO ENCONTRAR SUA ALMA GÊMEA

Tradução
LEA PASSALACQUA

EDITORA PENSAMENTO
São Paulo

Título do original:
Finding Your Soul Mate

Publicado originalmente por Samuel Weiser,
York Beach, ME, USA.

Edição	O primeiro número à esquerda indica a edição, ou reedição, desta obra. A primeira dezena à direita indica o ano em que esta edição, ou reedição foi publicada.	Ano
4-5-6-7-8-9-10-11-12		04-05-06-07-08-09-10

Impresso em nossas oficinas gráficas.

Dedicado a todas as almas gêmeas do nosso universo elétrico e magnético! E à minha Maria.

Botões Gêmeos da Vida

I

Uma nota ressoa,
ouve-se um meio-tom...
O eco projeta-se pelo espaço
e agora volta,
sempre marcado no tempo.

II

Duas vidas desabrocham,
dois botões em flor se tocam.
Uma corrente dupla de puro amor
eleva-se e funde-se
com a chama brilhante
que vem do alto.

Pontos gêmeos se amalgamam e brilham
em maior resplendor,
Uma luz branca e clara lampeja
para iluminar o caminho que se bifurca.

Uma trilha dourada se funde...
misteriosamente, transforma-se em nós.
Dois seres se dissolvem
para se descobrirem duplamente inteiros.
Singulares, embora unidos
em outro plano,
mais elevado, mais revelador.

Sumário

Prefácio

O mais importante para mim não é saber quantos livros vou vender e quanto vou ganhar, mas transmitir a você, leitor, o dom de meu mais valioso conhecimento, em troca do dinheiro e do tempo valiosos gastos por você, comprando e lendo este volume. Isto demonstra a lei do equilíbrio entre nós e torna o intercâmbio igual em valor.

Por que uma edição atualizada, revista e ampliada?

Diversos fatores influenciaram esta decisão. O mais importante é que agora tenho uma compreensão de "A Ciência Das Uniões Verdadeiras", da qual não tinha consciência quando foi publicada a primeira edição de *Como Encontrar Sua Alma Gêmea.* O outro foi a grande contribuição pública dada a este assunto por meu amigo Jess Stearn em seu maravilhoso best-seller Soulmates publicado pela Bantam Books.[1]

Durante mais de quinze anos, meu livro *Como Encontrar Sua Alma Gêmea* tem tido uma grande procura em quase todas as livrarias, templos ou feiras de temas metafísicos em que foi apresentado. Até hoje, já foram vendidos 70.000 exemplares, sem a ajuda de qualquer rede de livrarias ou distribuidora de livros importantes. No decorrer da maior parte dos últimos quinze anos, *Como Encontrar Sua Alma Gêmea* foi a única obra importante publicada a abordar este oportuno tema das almas gêmeas. Isto parece espantoso se considerarmos a presença quase constante deste irresistível assunto na mente de milhões e milhões de indivíduos, solteiros ou casados. Felizmente, depois de ler e usar as fáceis técnicas reveladas no meu

1. Jess Stearn, *Soulmates* (New York: Bantam, 1985).

livro, milhares e milhares de mulheres e homens agradecidos e felizes têm-se concentrado nelas e atraído para suas vidas "seres queridos" especiais.

No decorrer desses anos, dezenas de professores e conferencistas empreendedores adotaram o sistema esboçado neste livro em salas de aula e seminários, usando essas técnicas comprovadas para introduzir almas gêmeas em suas vidas. Incentivo cordialmente todos esses professores a divulgar esta maravilhosa revelação sobre esses relacionamentos amorosos tão especiais. Todo mundo merece uma vida amorosa sublime e divina, que surge quando se ama e se é amado! Sei que a mereço e certamente espero que vocês também saibam disso! Do contrário, é chegado o momento de mudar sua auto-imagem!

Sinto-me grato pelo fato de um número cada vez maior de livrarias tradicionais estar comprando e vendendo mais exemplares de *Como Encontrar Sua Alma Gêmea*, e também por um número cada vez maior de professores conscientes ou esclarecidos estar introduzindo "A Ciência das Verdadeiras Uniões" junto a seus alunos. Gradativamente, nos últimos vinte anos, desenvolvi o conceito de almas gêmeas e constatei não só a sua aceitação, mas também a sua grande popularidade.

Mais uma vez, é surpreendente o fato de, com o passar dos anos, apesar de a maioria dos editores ser cega ou simplesmente ignorar a necessidade de um bom livro sobre este assunto, eu ter continuado a vender e a reeditar este volume. Vendi exemplares de *Como Encontrar Sua Alma Gêmea* em minhas conferências ou seminários, pelo correio e através de algumas poucas porém excelentes livrarias especializadas em todo o país. Este livro indispensável foi vendido no país inteiro graças sobretudo à propaganda verbal dos próprios leitores. Espero que você faça o mesmo.

Pouco depois de Jess Stearn compilar e editar seu maravilhoso livro sobre este assunto, decidi pôr em prática meus planos de rever e atualizar este livro. Ele mudou consideravelmente. A ciência agora é exata. Também eu cresci e evoluí durante esses anos luminosos!

Na verdade, estimo Jess Stearn e agradeço a ele por várias razões. Seu livro *Soulmates* salienta dezenas de relacionamentos de almas gêmeas entre figuras proeminentes no cenário nacional, pessoas como Shirley MacLaine, Richard Burton, Elizabeth Taylor, Susan Strasberg, Jeff e J.Z. Knigth, Patrick e Gael Flanagan e muitas outras. Tive também a honra e o prazer de realizar uma cerimônia de casamento para Patrick e Gael.

Jess fala sobre Dick Sutphen e sua querida alma gêmea, Tara, que já incluo entre meus amigos. É desnecessário dizer que Jess acrescentou uma boa dose de credibilidade a este assunto, chegando a prever, enquanto colhia informações fornecidas por mim para o seu próprio livro, que sua obra ajudaria meu livro a vender mais exemplares, uma previsão que agora está prestes a se concretizar!

Finalmente devo agradecer a Jess o fato de ter me inspirado, inconscientemente, a seguir em frente e a rever esta edição. E fez isso do modo mais inocente. Ele estava colhendo informações para o seu livro e, uma tarde, depois de uma entrevista comigo no Hotel Hilton, em San Diego, escreveu que eu ensinava que "a pessoa tem de seguir um rígido programa, física, mental e visualmente".

Fiquei chocado quando li essa frase! Percebi que, embora minhas técnicas tenham sido extremamente úteis para muitos leitores do meu livro, para um pesquisador admiravelmente instruído e consciente como Jess Stearn elas pareceram "rígidas".

Até então, eu acreditava que meus pensamentos e idéias fossem extremamente abertos e flexíveis. Meu orgulho sofreu um grande golpe, e eu precisava disso. Tomei imediatamente consciência de que talvez o perspicaz Jess estivesse certo. Apressei-me a reavaliar a minha maneira de pensar e de ensinar, pois, se era "rígida", o melhor era consertá-la. Talvez eu devesse saber me expressar de um modo mais fluente e aberto. Meus conhecimentos, pensamentos e sentimentos evoluíram gradativamente com o passar dos anos e vejo agora esta ciência sob uma ótica inteiramente nova. Com toda a humildade, apresento-lhes este apaixonante tema das almas gêmeas da maneira mais simples e flexível que me foi possível. Quero realmente dar-lhes a inspiração para conhecer e acolher suas verdadeiras almas gêmeas em suas vidas. Se quiserem, escrevam-me aos cuidados deste editor. Eu os amo e desejo-lhes muita felicidade.

Michael

Introdução

Neste livro, apresento o conceito de como encontrar sua alma gêmea em dois níveis. Em primeiro lugar, associo a união de almas ao Universo Magnético, essa metade de toda a criação por trás do efeito visível do mundo em movimento. Este é o mundo silencioso da causa, e a razão pela qual todas as coisas e todas as formas de vida estão eternamente ligadas a todas as outras coisas e a todas as outras formas de vida. Trata-se da *razão* científica pela qual as almas gêmeas são magneticamente atraídas, pela qual é natural que "os semelhantes se procurem". Cientificamente, é o universo indiviso, sem começo nem fim, que só é possível porque também vivemos no Universo Elétrico.

Em segundo lugar, examino de que modo as almas gêmeas se manifestam no Universo Elétrico, através do qual nos relacionamos com a natureza visível, com o nosso mundo tridimensional da dualidade. Este mundo é composto de uma genuína polaridade sexual feminina ou masculina, concentrada dentro de cada forma minúscula ou gigantesca — seja ela mineral, vegetal, animal ou humana. Neste universo assim formado, todas as coisas, visíveis ou não-visíveis, têm uma natureza puramente elétrica. Não há exceções. Todas as ações e reações sexuais nada mais são que ondas elétricas aparentemente em movimento, criando uma plataforma ou cenário para o desenrolar do drama de infinitas formas de vida. O termo científico exato para descrever esta expansão da Luz Única é o universo dividido e multiplicado, pois a divisão e a multiplicação são necessárias à manutenção de um universo absolutamente vazio, a partir do qual todas as idéias e pensamentos, na forma de luz, se expandem continuamente.

Ellen Chappelle Pietsch

1

A dádiva do amor

Há sempre uma consciência interior da existência de uma alma gêmea. E assim tem início a busca extática e divina.

A maior dádiva que uma pessoa pode dar a outra é a dádiva inestimável do amor verdadeiro! Essa dádiva nada tem a ver com objetos físicos, com sexo ou posses. Todos esses atos ou formas materiais efêmeros ou aparentemente duradouros em breve desaparecem da vista e da memória humanas.

Por outro lado, o que dura para sempre, indelevelmente registrado como uma semente na alma, é a dádiva divina do amor de um eu para outro eu. Isto significa simplesmente dar sua atenção, seu tempo, seus sentimentos e presença físicos e mentais, quando necessário, a entes queridos, parentes, amigos, colegas, vizinhos, ou mesmo a estranhos.

O que você dá de si mesmo ou de sua substância jamais é perdido, enquanto aquilo que você retém firmemente para si mesmo será, sem dúvida, dolorosamente tirado de você pelo tempo! Sob esse aspecto, portanto, a dádiva de um sorriso muito necessário ou simplesmente apreciado, um gesto de saudação, uma palmadinha nas costas, uma palavra de encorajamento, ou "coisas" físicas, como comida, abrigo ou um belo buquê de flores, *quando ofertados com um amor incondicional,* sem nada esperar em troca, constituem realmente uma dádiva amorosa, porque contêm a essência viva do doador! Abençoam, elevam e equilibram todos os envolvidos.

Não só é maravilhosamente divino "doar" esse amor realmente puro e incondicional aos outros, mas também é preciso que você aprenda a "doá-lo" livremente a si mesmo. Aplica-se aqui a mesma lei imutável. Você sempre recebe o que dá! Quando você dá amor a si mesmo, isso significa que tem excesso de amor para dar aos outros. O amor-próprio deriva da auto-estima. Dê aos outros estima, respeito e pratique ações de caráter elevado, e imediatamente você começa a encontrar e a apreciar essas divinas qualidades em si mesmo. Assim que essas qualidades se tornarem o seu principal modo de expressão, automaticamente você dará aos outros essas elevadas essências apenas através da sua presença, que elas brilhantemente iluminam.

Sei que você está lendo este livro porque espera, ansiosamente, ser dotado de um amor divinamente elevado que, sem dúvida, você poderá transmitir, divinamente, à pessoa amada. Espero que muitas dessas idéias, amorosamente oferecidas a você neste livro, possam "incendiar" sua alma e despertar o desejo intenso e necessário de encontrar a pessoa que esteja em perfeita harmonia e equilíbrio com você. Espero que a sua vida e o seu ser *se tornem* uma dádiva de amor.

2

Encontrei uma alma gêmea

De repente, em algum lugar deste mundo, ele ou ela aparecerá! Que alegria, que paz, que ressonância espiritual, que palpitação é o novo amor!

Se você realmente decidiu que quer encontrar uma alma gêmea amorosa em sua vida e está disposto a dar os passos essenciais nesse sentido, terei prazer em guiá-lo para o que deseja. Do outro lado do muro, sua alma gêmea está tão ansiosa por olhar carinhosamente em seus olhos, por tocar sua mão física e compartilhar com você lindos sonhos, quanto você está por fazer todas estas coisas com ela! Sei o que significa experimentar os divinos sentimentos, pensamentos e interações sensuais com a "garota de meus sonhos". Amo e hoje é um êxtase para mim estar casado com uma companheira assim.

Milhares de mulheres e homens que leram edições anteriores de *Como Encontrar Sua Alma Gêmea* também encontraram seus queridos pares seguindo as simples e comprovadas instruções de como fazê-lo, que, mais uma vez, fornecemos a você nos próximos capítulos. Felizmente, encontrei minha alma gêmea e você também pode encontrá-la. Desfrute agora desta jornada, pois vou levá-lo comigo a um agradável passeio no passado.

Desde o começo, certos sonhos maravilhosos e sensuais formavam a ponte suspensa no espaço longínquo que se interpunha entre essa incomum companheira e eu. Até mesmo a palavra "sonho" era um elo de ligação vital que, de repente e vividamente, nos unia. Estou dizendo que, de vez em quando, essa atraente mulher e eu nos encontrávamos, inconscientemente, em sonhos, durante nossas horas regulares de sono. Esses sonhos misteriosos, maravilhosamente inspiradores, começaram cerca de dois anos antes de nos encontrarmos fisicamente.

Pensando bem, não me lembro exatamente quando começamos a nos ver em sonhos. Depois de alguns meses, percebi aos poucos que estava sonhando constantemente com a mesma linda jovem. Havia algo vagamente familiar nela. Por mais que eu tentasse, não conseguia atinar com o que era. Finalmente, cheguei à conclusão razoável de que estava simplesmente sonhando com uma antiga namorada, chamada Bonnie. Percebi, por fim, que essa jovem de meus sonhos apresentava muitos aspectos singularmente diferentes. Seu modo de ser, ou sua aura, era diferente. Não podia ser Bonnie, absolutamente. Conhecida ou não, mesmo assim continuei a ter muitos outros sonhos sensuais e cheios de amor com a doce namorada dos meus sonhos.

Alguns desses sonhos com a alma gêmea eram bastante comuns, exceto que, depois de cada um deles, sentia-me maravilhosamente inspirado ao acordar. Outras vezes, nosso namoro no sonho era delicioso. Os sonhos eram românticos, apaixonados e diferentes de qualquer outro que já tivera! De manhã, acordava com um entusiasmo e uma vitalidade tão intensos que essa sensação perdurava o dia inteiro. Certas vezes, a aura cálida e suave dos extasiantes encontros de meus sonhos saturava fisicamente minha mente consciente e nela perdurava dias a fio.

De repente, um dia, como um raio de luz, percebi como era singular e fantástico para mim sonhar com aquela jovem sedutora. Recordações persistentes dos momentos deliciosos que juntos desfrutávamos em sonhos repetiam-se com freqüência a cada novo dia.

Todos esses sonhos eram espontâneos, até que, numa noite inspirada, resolvi realizar uma experiência metafísica. Acabara de ler um livro muito estimulante sobre auto-sugestão. Antes de adormecer, seguindo as sugestões do livro, programei-me para sonhar, propositadamente, com a jovem de meus sonhos naquela noite. Calculei que, se a auto-sugestão funcionasse realmente, eu poderia então aumentar à vontade a freqüência das sessões amorosas noturnas com minha namorada. Pouco antes de pegar no sono, fiz a mim mesmo, com emoção apaixonada, a seguinte sugestão: "Esta noite, vou sonhar com minha namorada outra vez!"

Nada aconteceu na primeira noite, e tampouco na segunda. A persistência é uma de minhas características intencionalmente desenvolvidas e, desse modo, continuei a fazer a mesma sugestão, com as mesmas palavras, todas as noites, pouco antes de pegar no sono. *Pronto!* Na quarta noite consecutiva, aconteceu! Pouco antes da madrugada, encontrei-me profundamente mergulhado num sonho romântico, longo e vívido com ela. Congratulei-me logo ao acordar pela manhã e resolvi repetir tudo na noite seguinte. O dia transcorreu repleto de doces lembranças do meu sonho. Ao chegar a hora de ir para a cama, fiz a mesma sugestão, sabendo que funcionaria, e funcionou. A partir desse momento, eu sabia que havia encontrado e estava à minha disposição a chave mágica para viver esse romance à meia-noite! Certamente, por volta da meia-noite, estávamos ambos amorosamente abraçados.

Várias vezes por semana, eu me "programava" para "sonhar um pouco" com a minha misteriosa jovem. No que me dizia respeito, era realmente uma situação fantástica. Minha namorada estava praticamente à "minha disposição". Nos meses que se seguiram tornei-me cada vez mais capaz de evocá-la em sonhos. Aos poucos, meus sonhos se tornaram uma fonte garantida de alegria e satisfação sensual. Quando penso nisso, lembro-me ainda do quanto aguardava ansiosamente, durante essa fase da minha vida, a hora de ir dormir e sonhar. Muitos anos se passaram desde então, mas ainda gosto de ir dormir e aventurar-me no mundo dos sonhos, não porém com uma namorada de minha fantasia, já que agora estou fisicamente ao lado da minha verdadeira companheira.

Mal sabia eu então que, dentro de meio ano, a companheira de meus sonhos literalmente se materializaria diante de mim. Foi então que, exatamente seis meses antes de eu conhecer Pam, algo aconteceu. Foi o que me ajudou a encaminhar-me para ela. Meu irmão mais velho, Richard, morrera de repente de um ataque cardíaco. Poucos dias após sua morte, consegui fazer uma sugestão para encontrá-lo em um sonho. O sonho que se seguiu estabeleceu uma conexão fundamental com a companheira de meus sonhos. Era ainda mais extraordinário do que todos os meus sonhos anteriores, porque sugeri e produzi, deliberadamente, naquela noite, um encontro real, frente a frente, de minha alma e espírito com a alma e o espírito do meu irmão, num sonho extremamente vívido, colorido e gratificante.

Minha família, em prantos, enterrara o corpo de meu irmão em Michigan, a mais de mil milhas de distância. Eu morava em Virginia Beach e não assistira aos funerais — não devido a distância, mas porque já sabia que a morte não existe. Nessa noite, antes de ir dormir, lembrei-me, com tristeza, que Richard e eu não nos víramos nem conversáramos durante vários anos. Sua morte tão inesperada foi um terrível choque para mim, bem como para meus dois irmãos, para minhas duas irmãs, para minha mãe, para minha cunhada e sua família, e para um grande grupo de amigos. Sentia-me realmente triste por ele ter deixado nosso plano terrestre, tridimensional, mas sabia também que ele estava completamente vivo. Ele escolhera e encontrara a liberdade para si mesmo — a liberdade em relação às limitações do corpo físico — simplesmente transferindo-se do seu corpo mortal para seu corpo imortal. Meu querido irmão Richard levara uma vida realmente exemplar na terra. Fora muito querido e respeitado por todos os que o conheceram. Tinha caráter, carisma e personalidade. Todos havíamos sido afortunados por tê-lo conhecido. Eu só lamentava o fato de ele ter morrido antes que eu lhe dissesse o quanto o amava e respeitava, e que, como um irmão mais velho, ele fora um modelo para mim.

Com esses pensamentos rodopiando e transbordando na mente, resolvi espontaneamente usar a técnica da sugestão dos sonhos, mas com uma característica singular. Dessa vez, sugeri que meu inconsciente saísse do corpo físico, por meio de sonhos, elevando-se ao plano da alma e do espírito, que eu sabia ser o local onde agora se encontrava meu irmão Richard. O pouco treinamento que tivera nos "mistérios" já me ensinara que a verdadeira essência do meu irmão Richard estava tão viva nos planos magnéticos internos da alma quanto estivera enquanto ele usava suas vestes físicas no nosso mundo tridimensional. *O "reino dos céus está dentro de nós"!*

Com grande determinação, concentrei toda a minha força na formulação desse forte desejo. Ao mesmo tempo, sugeri, conscientemente a mim mesmo que, naquela noite, através de um sonho, elevar-me-ia e encontraria Richard no plano interior da alma. Repeti mentalmente esse comando várias vezes, até que, exausto, caí num sono profundo.

Durante a noite, aconteceu. Um vívido sonho começou a se definir e a tomar forma como um registro na consciência do meu cérebro físico. A lembrança dele ficou indelevelmente gravada na minha mente durante a experiência e ao despertar.

No sonho, minha namorada e eu estávamos sentados um ao lado do outro, como passageiros, no banco de trás de um carro longo e preto, semelhante a um carro fúnebre. Um casal estranhamente familiar estava no banco dianteiro, à nossa frente. O homem que dirigia o carro aproximou-se cuidadosamente do que parecia ser um portão aberto mais adiante, e todos sabíamos que aquele era o nosso destino. Ele parou o carro, manobrou-o e, lentamente, foi entrando de ré pelo portão aberto. A meio caminho, tornou a parar e estacionou, de maneira que a parte da frente, onde ele e sua companheira se encontravam, ficasse para fora do portão. A parte de trás do veículo, onde estávamos minha namorada e eu, ficara agora para dentro do portão, de forma que poderíamos facilmente abrir as portas traseiras do carro e sair, ou melhor, "entrar"! Havia uma explicação perfeitamente razoável para o fato de o veículo ter de permanecer no meio do portão, além de, com isso, o portão não poder se fechar.

No momento, não dei atenção a isso, pois os sonhos têm sempre suas razões. Alguns dias mais tarde, enquanto refletia sobre este sonho, percebi que o carro era, literalmente, um símbolo de nossos corpos físico e espiritual, estendidos entre dois mundos. Evidentemente, o casal familiar no banco da frente eram apenas nossas formas tridimensionais, ainda ligadas a nossos corpos e mentes que estavam sonhando.

No meu sonho, com crescente alegria, eu sabia que realizara a tão desejada transição para o mundo da alma e do espírito. Estava realmente visitando Richard. Vi uma luz que se aproximava rapidamente, e também sabia que a luz era Richard. Deixei minha namorada junto ao portão e apressei-me em direção à luz que se aproximava. A luz transformou-se na conhecida forma física humana do meu querido irmão, que me recebeu de braços abertos! Abraçamo-nos jubilosos! Oh! que feliz reunião! Falamos sobre os muitos "anos terrestres" passados desde que nos víramos pela última vez. Conversamos muito, compartilhando muitas recordações maravilhosas. Eu disse a Richard que o amava muito e o quanto apreciara o irmão exemplar que ele fora. Disse-lhe que durante toda a minha adolescência desejei tornar-me exatamente igual a ele! Tudo o que precisava ser dito foi dito!

Em seguida, percebi que nosso encontro chegara ao fim. O mesmo aconteceu com Richard. Mas, pouco antes de nos abraçarmos para uma despedida final, milagrosamente Richard "manifestou", diante de meus olhos, um punhado de frutas secas sortidas, e, com um sorriso, presenteou-me com elas.

"Agora, para o bem da sua saúde, Michael", disse-me ele, "procure começar a comer mais frutas secas. E seu organismo está precisando de mais vitamina K. Deixe algumas maçãs secas macerando na água, e depois beba essa água como um tônico. Isso o ajudará a se fortalecer e desfrutar da saúde de que precisa e deseja!"

No sonho, não dei atenção à súbita manifestação do milagre das frutas. Entretanto, fiquei devidamente impressionado com essa preocupação fraternal com a minha saúde, sentindo-me contente com a informação inesperada, mas extremamente interessante. Agradeci-lhe e dei-lhe um último e longo abraço de despedida. Pude sentir então seu amor a inundar-me. Voltei-me e, apressadamente, dirigi-me para o carro, estacionado no portão, e para minha namorada, que nele me esperava com paciência. Uma profunda sensação de urgência no âmago de meu ser indicava que o tempo estava passando rapidamente. Eu tinha de me apressar!

Minha namorada também sentia essa sensação de grande urgência, pois abriu depressa a porta traseira do carro, enquanto eu me aproximava, e entramos juntos no banco traseiro.

Imediatamente, o casal familiar, que também esperava silenciosa e pacientemente no banco dianteiro, entrou em ação. O motorista engatou a marcha do carro longo e lustroso e, suavemente, começou a transpor o portão.

"Clique!"

Enquanto o carro transpunha o portão, de repente e vividamente mudou de forma. Era agora uma enorme, larga e longa prancha voadora, com "dois assentos", atravessando o céu da madrugada, suavemente iluminado, como um tapete voador. O casal do banco da frente desaparecera. Apenas minha namorada e eu estávamos agora precariamente empoleirados na prancha que voava alto nos céus. Notei que minha namorada estava sentada bem no meio da prancha e dominava habilmente os controles de nosso aparelho. Eu estava sentado um pouco à sua direita, desfrutando totalmente a viagem que, juntos, fazíamos na prancha voadora, que mais parecia um foguete. Era uma visão emocionante! Milhões de estrelas brilhantes piscavam acima de nós. Lá embaixo, a milhares de metros, ondas azuis erguiam-se lentamente com pontos de espuma branca, ganhavam repentina velocidade, precipitavam-se impetuosamente pela praia dourada e retornavam devagar, fundindo-se de novo nas profundezas. A ampla praia arenosa estendia-se, à nossa frente, até o horizonte. Parecia que estávamos voando bem alto sobre a periferia de Virginia Beach, dirigindo-nos quase para o norte. Ambos sentíamos uma alegria jubilosa enquanto o ar quente e suave assobiava e soprava desordenadamente em nossos rostos. Olhei para minha namorada e perguntei-me se ela seria capaz de lidar com a enorme força do vento. Será que ela conseguiria dirigir com segurança aquele veículo que voava tão velozmente? Também achei que, por estar sentado um pouco fora do centro, poderia estar desequilibrando nosso instável veículo aéreo. Tive a preocupação momentânea de que poderíamos cair. Minha repentina dúvida foi imediatamente substituída pela profunda compreensão de que ela era um excelente piloto. Não era preciso me preocupar com sua habilidade em controlar o equilíbrio e o movimento de nosso veículo. Simultaneamente, senti um desejo irresistível de chegar mais perto, de me aconchegar a ela e de me deleitar na pura alegria da sua presença física. Com a rapidez do pensamento, ficamos enlevada e intimamente enlaçados. Atravessamos livremente o ar em direção a um destino comum esperado. Estávamos ambos alvoroçados com um profundo "amor interior" e com o delicioso prazer da companhia mútua.

Nesse estado de espírito repleto de amor aparentemente eterno, acordei desse sonho maravilhoso. Fiquei deitado por mais alguns minutos, relembrando e saboreando cada mínimo detalhe, enquanto revivia meu sonho com intensa nitidez. Emocionei-me com seu encanto e pureza reais. Todo o meu amor estava incrivelmente estimulado por ter não só estabelecido contato com o meu irmão Richard, apenas alguns dias depois de sua passagem para dimensões mais elevadas, mas também por compartilhar simultaneamente da aventura com minha namorada, o que, na verdade, foi um glorioso prêmio extra!

Durante todo o dia seguinte, examinei e reexaminei meu sonho singular. Fora real? Sim. Eu tinha a certeza de ter atravessado "o véu" e de ter-me encontrado com meu irmão Richard *em espírito!*

Ocorreu-me outra pergunta: o que era vitamina K? Eu nunca ouvira falar nela! De acordo com meus limitados conhecimentos na época, vitamina E era o ponto máximo a que podia chegar o alfabeto das vitaminas. Em parte por curiosidade e em parte para confirmar a confiabilidade da comunicação feita por meu irmão, fui consultar um dicionário. Sem dúvida, lá estava: "uma de duas vitaminas naturais, solúveis

Ellen
Chappelle
Pietsch

em gordura, essenciais para a coagulação do sangue". Evidentemente, meu organismo precisava dela. Durante meu crescimento tive diversas hemorragias nasais, muitas delas sem nenhuma influência externa ou causa aparente.

Valia a pena seguir o conselho e, desse modo, comecei imediatamente a comer muitas frutas secas. Também macerei maçãs secas em água e bebi o suco como um tônico. O gosto era ótimo e minha saúde tem estado excelente desde então. De alguma forma, o espírito de meu irmão sabia realmente algo a respeito da química do meu corpo, do meu problema e do tratamento natural e saudável.

Não o percebi naquele dia, mas, seis meses depois, a descrição desse incrível sonho abriria a porta para a entrada de minha querida companheira na vida física real.

Ao mesmo tempo que vivia todas essas aventuras em meus sonhos, eu ficava cada dia mais ansioso para encontrar minha alma gêmea da vida real no mundo físico! Só sonhos não bastavam. Meu impulso consciente e minha determinação nesse sentido foram consideravelmente acentuados e reforçados quando Mike, uma conhecida médium que morava em Virginia Beach naquela época, me disse que a companheira há tanto desejada entraria em minha vida dentro de seis meses. Eu gostava muito de Mike e tinha muita confiança em suas habilidades mediúnicas. Redobrei então minha concentração e esforço consciente para materializar minha companheira na minha vida dentro de seis meses, como ela previra. Com muito sentimento, "bombardeei" minha companheira com "mensagens" sem palavras, porém convincentes.

"Minha amada, onde quer que você esteja! Ouça, estou em Virginia Beach, Virginia. Estou esperando por você aqui. Por favor, venha depressa para o meu lado!"

Gradativamente, passaram-se os dias, as semanas e os meses. O sexto mês, julho, chegou finalmente e não havia nenhuma alma gêmea à vista. Então, nesse dia predestinado, na segunda semana de julho, meu telefone tocou. Atendi e disse: "Alô!"

Uma agradável voz feminina disse: "Quero colocar um anúncio no seu jornal."

Eu fundara há pouco tempo um jornal local chamado *The Virginia Beach Free Press*. Era, literalmente, uma atividade de um só homem. Eu trabalhava em todos os departamentos: era editor, redator, datilógrafo, diagramador, distribuidor e anotador de anúncios. De repente, senti uma emoção estranha mas familiar. Entretanto, ostentando a atitude mais profissional possível, perguntei-lhe o tamanho e o tipo de anúncio que ela queria fazer.

"Leia para mim seu anúncio", expliquei. "Assim poderei calcular a quantidade de palavras e o preço a ser pago."

Ela disse que teria muito prazer, aparentando saber, com exatidão, o que desejava publicar.

"Um quadro de seus sonhos, de 42x30 cm, por $17.00. É isso", disse ela.

Eu não podia acreditar. Eu a ouvira corretamente? Que tipo de moça era aquela?! Era difícil acreditar. Ali estava uma moça que pintava sonhos. Retive o fôlego e sorri. Uma estranha excitação elétrica infiltrou-se por todos os átomos e células do meu ser. Antigas lembranças pareciam avolumar-se na minha mente. Pensei comigo mesmo: "Tenho de encontrar essa moça. Ela parece um sonho!"

Em voz alta, disse: "Isso não é nada comum. Então você pinta sonhos! O que mais faz? Também escreve, por acaso?"

"Oh, sim!", murmurou ela. "Escrevo sobre ocultismo. Sou dançarina. Interesso-me por música e por muitas coisas!"

"Ótimo!", repliquei. "Você parece muito interessante. Eu gostaria de conhecê-la melhor. Importar-se-ia de trazer seu anúncio ao meu escritório?"

Expliquei que fazia meu jornal em casa. "O anúncio irá lhe custar uma taxa mínima de $2.00. Estarei aqui trabalhando no jornal a tarde toda. Você virá?"

"É claro. Dê-me seu endereço e indicações. Estarei aí logo que possível", disse ela amavelmente.

Em menos de 20 minutos, levantei os olhos de meu trabalho e lá estava o que parecia ser o rosto mais familiar que eu já havia visto na minha vida.

"Oi, sou Pam, a moça que acabou de telefonar a respeito do anúncio", disse a voz melodiosa, vinda da aparição viva e corada, ali de pé, diante de mim.

"Oi!", respondi. Olhei fundo em seus olhos. "Conheço você", disse-lhe, depois de alguns instantes de silêncio. "Provavelmente, melhor do que você mesma."

Pam também olhou fundo em meus olhos. Percebi que ela estava tentando entender do que eu estava falando. Nada registrou. Embora eu a tenha reconhecido imediatamente como minha companheira, Pam não me reconheceu como o namorado com o qual vinha se encontrando em sonhos há dois anos. A "máscara de argila" que usamos fisicamente é muito diferente do lindo semblante do espírito interior. Entretanto, a química estava certa. Havia magia no ar!

Em breve, estávamos conversando animadamente, como almas perdidas e reunidas depois de uma longa separação. Pam disse-me que acabara de chegar, naquela tarde, de Minnesota. Fora induzida a deixar Minnesota porque sabia que encontraria sua alma gêmea em Virginia Beach.

Mais uma vez, eu não podia acreditar no que estava ouvindo! Olhei-a de novo nos olhos e disse, da maneira direta que me era habitual: "Eu sei. Eu sou a sua alma gêmea!"

Uma expressão de surpresa desenhou-se no rosto de Pam. Fitou-me por um longo momento e depois, abruptamente, abanou a cabeça em sinal de negativa. Negou veementemente o fato.

"Não!", disse ela. "Já o encontrei. Conheci-o há menos de uma hora, na Fundação A.R.E. Seu nome é Karl!"

Parei de sorrir e procurei não demonstrar a minha perturbação. Sua declaração muito natural de que pertencia a outra pessoa surpreendeu-me realmente. Eu sabia, por experiência própria e por observar os outros, o quanto é fácil nos iludirmos. Tentamos criar um relacionamento de alma gêmea com base em algo que não existe. Lembrei-me de que tentara criar esse relacionamento, descobrindo mais tarde que tudo estava na minha mente. Falei com outros que fizeram a mesma coisa. O livre-arbítrio jamais será cerceado. Simplesmente, não é possível. Deve haver uma forte semelhança magnética que atrai e cria uma interação igual e equilibrada, no nível físico, entre companheiros verdadeiros. Não pode ocorrer nenhum relacionamento igual se o "casamento em consciência" não existir!

Com uma voz surpreendentemente modulada e controlada, expliquei como pensara erradamente que certas mulheres que conhecera eram a minha alma gêmea. Continuei dizendo-lhe que conhecia várias outras pessoas que fizeram a mesma coisa e simplesmente não funcionou! Tentei convencê-la de que todos esses tipos de relacionamentos criados apenas na mente jamais funcionariam. Declarei mais uma vez, enfaticamente, que desta vez eu estava certo e não tinha dúvidas, de que ela era realmente a *minha* alma gêmea! Observe a possessividade. Disse-lhe que ela saberia quando chegasse o momento certo. Acrescentei uma previsão de que o entusiasmo de seu repentino encontro com Karl se dissiparia. Disse-lhe que o que quer que ela imaginasse sentir era uma ilusão e desapareceria quando acabasse o deslumbramento do primeiro encontro.

Naturalmente, minha "crítica" acerca de sua ilusória ligação ideal com Karl não foi do agrado de Pam. Entretanto, percebi que ela estava inclinada a ficar e a conversar comigo. Alguma poderosa forma de *magnetismo* interno estava em ação!

Intimamente, admirei-me do meu autocontrole, quase milagroso. Ali estava eu, enfim, na presença física real de minha companheira. Ela era a realidade física da namorada com que eu sonhara durante dois anos. Na verdade, eu deveria estar pulando de alegria! Embora ela não me tivesse reconhecido, sentia-me calmo e tranqüilo. Uma voz silenciosa dentro de mim dizia-me que *tudo estava bem!*

O eu interior sabia que nossas almas e espíritos divinos estavam no comando, que nosso amor certamente desabrocharia no momento certo e de uma maneira natural. Naquele maravilhoso momento, vivi no *Agora Eterno,* o sereno ponto de descanso no Universo Magnético, onde todas as coisas se expandem. O mais importante estava no fato de que ela era fisicamente real e estava agora na minha vida! Esse milagre dos milagres era assombroso e inspirador! O fato de eu me sentir surpreendentemente seguro e de certa forma em pleno controle da situação, considerando o fato de Karl estar na consciência de Pam, era um mistério para mim.

Pam e eu conversamos durante várias horas. Esqueci-me temporariamente de meus "compromissos profissionais". Revelamos mutuamente nossas crenças e filosofias individuais. Não me surpreendi ao ver que a maior parte de nossas idéias e princípios combinava perfeitamente. A cada instante que passava, ficava intimamente mais satisfeito com a profundidade e a multicomplexidade da linda garota de meus sonhos, sentada fisicamente ao meu lado. Sabia, sem nenhuma dúvida, que ela era a companheira que me havia sido destinada e que eu esperava há tanto tempo!

Quando Pam se levantou para partir, adiantei-me para dar-lhe um cordial abraço de despedida. Polida mas firmemente, ela resistiu a esse contato físico íntimo imediato. Ao sair, deteve-se junto à porta, olhou-me longamente e disse que em breve voltaria para me ver.

"Mesmo que você não seja a minha alma gêmea", disse ela com um cordial sorriso maroto. "Sem dúvida, você tem um rosto muito interessante!"

Agradeci com um sorriso. Depois de sua saída, sentei-me e refleti comigo mesmo que aquele fora um dia incomum, para dizer o mínimo. Sorri outra vez, pensando que talvez uma pequena fração da mente subconsciente de Pam tivesse registrado a lembrança de que eu era o homem com quem se encontrara tantas vezes em sonhos. Durante vários minutos, fiquei sentado em silêncio, emocionado e vibrando intensamente com uma profunda admiração íntima e uma paz intensa e harmoniosa. Meus sonhos haviam se tornado literalmente realidade! A linda e sensual garota de meus sonhos entrara fisicamente na minha vida. Estávamos em julho. Ela estava a meu lado. Mike era deveras uma boa amiga e também uma médium precisa. Fiz questão de telefonar-lhe para contar-lhe a boa notícia. Ela ficou muito contente por ver confirmada sua previsão e desejou-me sorte no meu relacionamento.

Antes de dormir, nessa noite, recapitulei o dia. Todo o meu ser parecia sorrir com o alegre pensamento que se seguiu: "Em breve, quando chegasse o momento certo, Pam me reconheceria completamente, tão decidida e completamente como eu a reconhecera!"

Senti que esse momento estava deliciosamente próximo. Com esse sublime pensamento, caí num sono profundo e tranqüilo.

Algumas noites depois, Pam passou pela minha casa e fez-me mais uma longa visita. Passamos uma noite calma e divertida, apenas conversando. Seu encanto e beleza cativaram-me fortemente. Entretanto, se fizesse o menor movimento para abraçá-la ou até mesmo para segurar-lhe a mão, ela estava sempre "alerta" e evitava habilmente a situação. Todas as vezes explicava sorrindo que queria ser apenas uma amiga. Então, quando eu estava para ceder a um sentimento de rejeição pessoal, ela mudava e erguia de novo meu espírito. De repente, em nossa conversa, ela admitiu que realmente apreciava nossos encontros e que voltaria muito em breve. Foi uma noite muito agradável, na qual nos conhecemos melhor. À meia-noite ela se foi. Acompanhei-a até a porta. Desta vez, ela se inclinou e apertou levemente minha mão.

"Diverti-me muito!", disse ao partir.

Sabendo que em breve a veria de novo, fui direto para a cama e dormi tranqüilamente a noite toda.

Fiquei agradavelmente surpreso quando ela "apareceu" de novo na noite seguinte para uma visita curta, mas maravilhosa. A freqüência de suas visitas aumentou. Em breve, Pam vinha me ver várias vezes por dia, bem como à noite. Nunca mais tornamos a falar em Karl. Eu agia simplesmente como se Karl jamais tivesse existido.

Precisei de muita autodisciplina, mas tomei a muito sábia decisão de não fazer mais nenhuma tentativa amorosa com relação a Pam. Cabia a ela a próxima iniciativa. Raciocinei que a natureza seguiria o seu curso. O esclarecimento interior ou o reconhecimento consciente de que eu era seu companheiro ser-lhe-ia dado — e foi o que aconteceu!

Eu mesmo fiquei admirado com a maneira como isso aconteceu. Pam acabara de entrar em seu carro depois de uma visita no final da tarde. Esquecera sua pasta e eu corri apressadamente para o seu carro, dizendo-lhe que esperasse. Enquanto eu sorria e lhe entregava a pasta, ela me fitou como se estivesse em transe. De súbito, ela afastou-se de mim, assustada.

"Como você fez isso?", gritou ela.

Fitei-a, perguntando-me do que estaria ela falando!

"Como você fez isso?", repetiu ela, exigindo uma resposta. Pude ver uma expressão de puro medo em seu rosto.

"Fiz o quê?", perguntei, perplexo. Fiquei surpreso ao ver todo o seu corpo tremendo de medo. Esperei sua resposta, admirado.

"Você era você e, no entanto, não era você! Seu rosto mudou! Você era outra pessoa!", disse ela. Sua voz também tremia. Vi que ela estava em estado de choque. Seu corpo estremecia agora incontrolavelmente.

Percebi, de repente, que Pam devia ter olhado através de uma alteração do tempo, vendo talvez uma outra vida que poderíamos ter compartilhado no passado. Esse pensamento foi confirmado quando Pam voltou a falar. Desta vez, sua voz estava muito mais calma.

"Michael, seu rosto estava tão diferente, e no entanto tão familiar. Era um rosto que eu conheci em algum lugar, numa outra vida, estou certa!"

Que alívio!

Achei difícil esconder minha satisfação. Eu podia ver que Pam ainda estava um pouco abalada e sabia que tinha de deixá-la à vontade. Toquei-lhe o ombro para tranqüilizá-la.

"Acredite-me, Pam", disse-lhe. "Eu nada fiz. Você é que fez. Você deve ter visto o rosto que eu tinha quando estivemos juntos numa outra vida."

Lentamente, Pam recuperou-se. Disse que fora a experiência mais incomum de toda a sua vida e que jamais a esqueceria! Voltou a ligar o motor do carro, debruçou-se à janela, atirou-me um beijo e, ainda ostentando uma expressão de perplexidade e admiração, afastou-se devagar.

Quando seu carro desapareceu de minha vista, dei, literalmente, três saltos no ar, com grande júbilo! Era evidente que Pam estava prestes a saber quem eu sou, pois parecia terse lembrado de quem eu *era!*

Naquela noite, logo que chegou, Pam sugeriu que fôssemos dar um passeio tranqüilo pela calçada adjacente à magnífica praia dourada. Ao chegar à calçada, peguei-lhe a mão e, desta vez, ela não resistiu. Parecia que sua consciência e seu corpo estavam vibrando tanto quanto os meus. Caminhamos em silêncio, lado a lado, por algum tempo. De repente, o mesmo pensamento surgiu em nossas mentes e, com um sorriso, expressamo-lo em palavras. Admitimos a facilidade e naturalidade do ritmo de nossos passos. Parecia que havíamos caminhado lado a lado, de mãos dadas, muitas vezes antes.

Enquanto caminhávamos pausadamente, descemos ao mesmo tempo da calçada, tiramos os sapatos e continuamos a andar descalços nas areias douradas, ainda agradavelmente mornas. Ergui os olhos e senti-me muito grato pela lua cheia que crescia lá no alto. Minha alma agitou-se e eu me senti maravilhosamente romântico. Um repentino desejo surgiu-me no íntimo de contar a Pam os muitos sonhos singulares que experimentara nos dois últimos anos com minha namorada.

Pam empertigou-se com súbito interesse. Fitou-me com um suave sorriso e com os olhos bem abertos, incentivando-me com carinho a contar-lhe tudo! Reduzimos o passo e, em voz baixa e calma, contei-lhe como os sonhos haviam começado. Expliquei-lhe como aprendera a invocar esses sonhos incríveis sempre que quisesse e precisasse de um deles para minha inspiração. Pam ouviu-me séria, em silêncio, como se estivesse absorvendo cada palavra. Quando comecei a contar o sonho em que encontrara meu irmão Richard, logo após sua morte, de repente Pam pareceu prestar a máxima atenção a cada palavra. Enquanto contava em pormenores esse sonho extraordinário, de quando em quando ela me interrompia e pedia-me para repetir certos trechos específicos do sonho. Vi que ela estava intensamente fascinada. Deleitava-me em contar-lhe os mínimos pormenores desse sonho, mas eu não tinha a menor idéia do que ela estava pensando. Quando lhe descrevi o delicioso amor compartilhado tão vibrantemente por minha namorada e por mim enquanto voávamos bem acima da praia na nossa prancha, pude sentir sua mão apertar a minha com força.

Enquanto ouvia minhas vívidas descrições dos encontros com minha namorada, Pam percebeu e lembrou-se, com crescente surpresa, de que tivera os mesmos vívidos sonhos de nossos encontros! Lembrou-se de sua tremenda sensação de êxtase e do grande e sagrado amor que compartilháramos, com tanta freqüência e euforia, em nossos encontros em sonhos!

Naquele momento, o súbito choque pareceu ultrapassar a capacidade de assimilação da sua mente e do seu espírito. Ela me explicou mais tarde que tivera de fazer um esforço supremo para não deixar escapar que era a namorada dos meus sonhos. Sua outra parte conservadora achava que não devia revelar, que precisava ocultar por enquanto esse conhecimento no seu íntimo, como algo sagrado e doce. Disse que queria pensar a respeito, refletir no silêncio de sua mente, antes de compartilhar comigo uma notícia tão extravagante. Além disso, admitiu que entendia por que também ela sentira uma familiaridade tão intensa comigo. Ela estava feliz por nosso amor ter-se desenvolvido tão naturalmente, sem jamais termos de ir para a cama juntos! Pam achava que, se eu soubesse que ela sabia que era minha companheira ou a namorada dos meus sonhos, como homem eu insistiria imediatamente num relacionamento físico sexual com ela.

Quanto a mim, aquele longo passeio e aquela prolongada conversa pareciam ter realizado o grande milagre que eu tanto esperara. A parede impenetrável que parecia separar Pam de mim desaparecera. Ela se aproximara cada vez mais de mim em espírito, alma e corpo! A essa altura, eu não conhecia o resto da história.

Nessa noite, quando nos despedimos, Pam deu-me um grande abraço e convidou-me para ir ao seu apartamento no domingo à noite para jantar. Aceitei o convite com prazer, prometendo levar comigo a melhor garrafa de vinho tinto que pudesse encontrar para a ocasião. Depois de sua partida, senti ondas e mais ondas de felicidade e paz crescerem inexplicavelmente no meu íntimo. Embora ela ainda não tivesse admitido, senti que ela já sabia que éramos almas gêmeas. Na noite seguinte, minha intuição foi confirmada.

Pam e eu nos víamos com freqüência — todos os dias, há várias semanas. Quando cheguei em casa, depois de receber o convite para jantar com ela, tomei uma decisão em desacordo com a minha índole. Ainda faltavam três dias e três noites para o domingo. Resolvi que o melhor que tinha a fazer para que Pam realmente quisesse a minha companhia era fazer-me de difícil. Nos próximos dois dias, eu fingiria estar ocupado demais para visitá-la ou receber a sua visita. Isso deveria funcionar.

Algo funcionou! Pam não veio para a visita habitual e o dia pareceu arrastar-se eternamente. No meio da tarde, eu quase não podia mais suportar. Todo o meu ser ansiava por estar com ela, por ver seu rosto e tocá-la fisicamente. Lembrei-me de que eu estava bancando o difícil, e então uma enorme batalha interior se desencadeou entre minha mente e meus sentimentos. Foi uma luta considerável. Quanto mais concentrava a mente na lógica aparentemente fria e clara de ficar afastado de Pam, mais os meus sentimentos se inflamavam, queimavam e protestavam por querer vê-la imediatamente. Em breve, percebi que meu desejo de estar a seu lado era forte demais e decidi ceder a esses sentimentos amorosos! Lógica ou não, minha alma e meu espírito sabiam agora que uma experiência amorosa pura e inspiradora era mil vezes mais importante do que qualquer fria, embora incontestavelmente exata, teoria de como conquistá-la mais tarde!

Segui sem demora meu coração palpitante e logo estava no meu carro, indo direto para o apartamento dela. Pam pareceu surpresa, mas demonstrou grande prazer com essa minha visita inesperada. Durante todo o dia, sua alma estivera processando os novos conhecimentos sobre o nosso relacionamento. Ela estava pensando em qual seria a melhor maneira de contar-me a respeito.

Depois de nos sentarmos para conversar, Pam disse-me que, na verdade, estivera sozinha o dia inteiro, ansiosa por me ver. Este é um exemplo claro de como o mesmo desejo íntimo e forte, ardendo entre duas pessoas, acaba por transpor o tempo e o espaço. Ela fez café e, enquanto o saboreávamos, conversamos sobre pequenas coisas. De repente, ela soltou a bomba!! Eu estava totalmente despreparado. Pam pegou minha mão, acariciou-a com suavidade, enquanto um sorriso se formava docemente em seus lábios.

"O que você faria", disse ela, "se lhe dissesse que sou a moça com quem você se encontrava em seus sonhos?"

Havia uma cálida luz de amor brilhando em seus olhos. Meu coração começou a palpitar de excitação. Ela continuou a falar enquanto minha excitação aumentava. Inclinei-me para a frente e me aproximei dela, sentando-me quase na beirada da cadeira. Os papéis agora estavam invertidos. Era eu quem estava prestando atenção a cada palavra!

"Você está querendo dizer", interrompi, "que ambos estávamos sonhando a mesma coisa e que você realmente teve o mesmo sonho que eu tive?"

"Sim", concordou Pam. "Lembro-me de ter estado com você em vários de seus sonhos, especialmente no sonho que teve com seu irmão Richard. Lembrei-me de que você não vira seu irmão durante vários anos antes de sua morte. Fiquei junto ao portão, enquanto você entrou na luz para ir encontrá-lo. Eu tinha muito medo de que você fosse ficar lá por muito tempo.

Eu achava que, se você não voltasse logo, poderia morrer e eu jamais o veria de novo. Fiquei tão contente ao vê-lo voltar para mim!"

Pam baixou a voz e, quase num sussurro, falou com grande sentimento, enquanto se perdia em meu olhar.

"Lembro-me tão claramente do quanto eu o amava nos meus sonhos e da sensação divina de voar pelos ares naquela prancha estreita, com seus fortes braços ao meu redor. Senti-me tão bem quando você se aconchegou!"

Um celestial momento depois, estávamos de novo enlaçados, em êxtase, um nos braços do outro. A mesma sagrada paixão que me fazia vibrar nos sonhos repetiu-se e inundou de alegria o nosso ser! Por muito tempo, nessa noite predestinada, nos tocamos, nos acariciamos, nos beijamos e nos perdemos em abraços deliciosamente físicos e celestiais. Aquelas mesmas sensações de êxtase entre um homem e uma mulher que com tanta freqüência eu experimentara em sonhos, tornaram-se, nessa noite maravilhosa, uma realidade sensual e terrestre.

Durante dias, semanas e meses compartilhamos de um crescente amor espiritual e físico. Não nos possuíamos. Na vida novas decisões precisam ser tomadas, e as aventuras que empreendemos ao lado de uma outra pessoa, por mais desejáveis que possam ser em certos níveis, devem terminar. *Ambos havíamos firmemente desejado compartilhar de uma união com o nosso companheiro no nível da alma. Isso se tornou a nossa realidade.* Em breve, percebemos que outras realidades entre nós precisavam ser enfrentadas. Os interesses e a missão da vida de Pam eram muito diferentes dos meus. Ela não se interessava pelo meu trabalho "espiritual" e nem pelos meus livros e leituras. Seus sonhos e paixões inevitavelmente a conduziam para seu próprio caminho, enquanto os meus conduziam-me para um outro caminho. Foi exatamente isso que aconteceu, e não podia ser de outro modo.

Num dia iluminado, percebemos e admitimos que nossa aventura juntos nesta vida havia terminado. Obedecendo à luz de nossas almas, libertamo-nos mutuamente e nossas trilhas físicas se separaram. Entretanto, as aparências enganam. Os melhores frutos ainda estavam por vir. O que parecia ser o fim, era apenas o começo!

3

O que é uma alma gêmea?

De todas as magníficas estrelas no céu, onde está aquela que eu conheço?

O que é exatamente uma alma gêmea? Minha definição pode ser totalmente diferente daquela dada por uma outra pessoa. É muito importante que você e eu saibamos do que estamos falando. Por enquanto, a definição mais concisa e direta de uma alma gêmea é a de uma companheira que você encontra em um nível da alma.

Isto nos leva a uma pergunta imediata. Que diferença há entre encontrar alguém no nível da alma e encontrá-lo apenas no nível pessoal? De fato, o que é exatamente um nível da alma, comparado com qualquer outro nível concebível onde pudéssemos nos encontrar com alguém? A resposta a essas perguntas nos fará compreender o que mantém ou rompe um relacionamento. Duas ou mais pessoas podem se encontrar em diversos níveis conhecidos — físico, emocional, mental ou espiritual.

Um encontro físico entre duas pessoas é compreendido por todos. Ele é básico e necessário para que se processem

intercâmbios entre uma pessoa e outra no nosso mundo tridimensional. Um tipo de relacionamento mental com outra pessoa também é fácil de identificar. Duas pessoas bastante polarizadas mentalmente podem manter prolongados intercâmbios sobre o que pensam, acreditam ou ocasionalmente sabem. Os níveis emocional e espiritual são mais difíceis de compreender. Entretanto, quando duas pessoas gostam de contemplar o nascer e o pôr-do-sol, de ouvir o mesmo tipo de música ou de ler o mesmo tipo de poesia, e apreciam as mesmas manifestações artísticas, isso significa que, essencialmente, cada um deles sente o que o outro também sente. O encontro em alguns níveis de sentimento é essencialmente vital em todos os relacionamentos duradouros. Através de sentimentos mais refinados ou de novas sensibilidades, a evolução da consciência do corpo é acelerada. Essa é a diferença vital entre a pessoa que, ao ouvir um concerto de Beethoven, ouve na verdade apenas as notas, enquanto um outro ouve e sente a imortalidade da alma e é enaltecido. A sensibilidade interior da alma é extremamente diferente das sensações elétricas do corpo, produzidas apenas pelo atrito.

Normalmente, encontramo-nos com todas as pessoas, em graus variados, em cada um destes três níveis: o físico, o mental e o emocional. Podemos adequadamente chamar esse encontro unificado dos três níveis entre nós e os outros de encontro entre personalidades. A personalidade de cada pessoa tem três elementos distintos e identificáveis. Esses três fatores são: uma presença física, um pensamento ou presença pensante e um sentimento ou presença emocional. Como nossa massa física ou estrutura celular funciona através de reflexos elétricos chamados de instinto, podemos dizer que os pensamentos, os sentimentos e os instintos compreendem a soma total de nossa personalidade.

Como tudo na natureza reflete a dualidade, acentuo que a natureza da personalidade representa um aspecto *negativo* do nosso ser, enquanto a alma ou espírito interior representa a natureza *positiva* no nosso íntimo. Nossa personalidade reflete o Universo Elétrico, enquanto a alma e o espírito refletem o Universo Magnético estático. Do ponto de vista psicológico, os dois são necessariamente opostos. O universo elétrico nos limita ao processo involucionário, enquanto o universo magnético nos liga ao aspecto evolucionário, progressivo e inspirador da natureza. A personalidade individual, ou força da alma, revela-se em inúmeras e óbvias maneiras. As expressões negativas da personalidade são opostas às expressões positivas da alma. Sabendo disso, somos levados a compreender que, em qualquer relacionamento, se uma das partes está agindo predominantemente como uma personalidade adormecida e a outra está funcionando como uma alma desperta, o ponto de encontro comum entre elas dá-se apenas através da entidade inspirada pela alma.

O maior pode conter o menor, mas o menor não pode conter o maior. A pessoa que é consciente, sob a perspectiva da alma, pode encontrar e compreender a pessoa que vem do ponto de vista inferior. Entretanto, o menor não pode conter o maior e, por isso, o indivíduo orientado para a personalidade não pode encontrar ou compreender a pessoa desperta, que vem da alma. Outra maneira correspondente de encarar esta questão é que você pode derramar meio litro (uma personalidade) em um litro (uma alma), mas não pode derramar um litro em meio litro. Isso é simplesmente impossível! A alma de um litro conhece a personalidade de meio litro, mas o inverso é impossível.

Algumas das características básicas da personalidade (às vezes conhecida como o alter-ego) são o medo, a dúvida e a manifestação de amor condicionado ou possessivo. Ela é desafiadora, competitiva, defensiva, culpada e insegura, para citar apenas alguns de seus traços negativos. Por outro lado, as virtudes positivas da alma (às vezes conhecida como ego) são exatamente o oposto. Uma pessoa imbuída de força de alma não tem medo, expressa confiança e manifesta, livremente, um amor incondicional. Ela age de uma maneira receptiva, cooperativa, franca e segura, sem culpa ou insegurança. Nada precisa ser provado, simplesmente é.

Adotando um ponto de vista duplo, poderíamos fazer uma lista de dualidades simples quase ilimitadas, correspondendo exatamente à presença negativa muito real de um alter-ego ou personalidade e à presença positiva exatamente oposta da força da alma. Vale a pena repetir: a alma é não só mais expansiva e inclusiva, mas também tremendamente mais poderosa do que a personalidade. A frase "Que a força esteja contigo", popularizada no filme *Guerra nas Estrelas,* significa exatamente isso! A força da alma é mais do que uma frase ou *slogan;* é uma realidade criativa, amorosa, à espera de ser despertada no interior da realidade consciente de cada um.

Acrescento agora que o espírito é o aspecto mais importante da nossa trindade individual. Ele pode e deve literalmente conter em si a alma e a personalidade. Embora a alma seja impregnada pelo espírito, e possa e deva conter a personalidade, como já acentuei, não pode conter a vastidão do espírito. Eventualmente, a personalidade adormecida pode ser despertada e incorporada conscientemente na alma como um instrumento positivo tridimensional. Até então, entretanto, a consciência da personalidade adormecida só se identifica e se relaciona com todos os outros bilhões de personalidades que existem hoje na terra. Dessa forma, pela última vez, a personalidade não pode conter a alma ou o espírito, mas está sempre impregnada, até certo ponto, de alma e espírito. Do contrário, deixaria de existir num mundo físico.

Portanto, aplica-se aqui o grande padrão de medida: "Pelos seus frutos eles serão conhecidos." Você pode pesar com sabedoria as idéias e ações de outros e saber quanta divindade está aparecendo, se pouca ou muita. A crença cega e tacanha no que quer que seja, só porque alguém disse que Deus disse, já não é mais aceita! A pessoa ignorante, que exige uma salvação em troca de nada, que bate no peito e proclama uma falsa virtude, não demonstra força de alma. É justamente o contrário! A pessoa incondicional, amorosa e tolerante das idéias e pensamentos dos outros é quem expressa a genuína qualidade de alma. Olhe e aprenda. São as palavras positivas ou negativas, ou a falta delas, os pensamentos e sentimentos positivos ou negativos, ou a falta deles, as ações físicas positivas ou negativas, ou a falta delas, que revelam claramente, a qualquer espectador objetivo, se quem está no comando e presente é uma alma desperta ou uma personalidade profundamente adormecida.

É possível reconhecer qual dessas vastas diferenças na expressão da vida você está escolhendo neste momento. Se não gosta do que vê, simplesmente mude-o. Obviamente, será muito útil, quando você puder discernir essas diferenças e fontes de expressão em você ou nos outros. Saberá exatamente de onde aquela pessoa "está vindo" e poderá lidar com ela adequadamente.

Resumindo: quando duas pessoas se encontram no nível de alma da consciência, há um reconhecimento e uma fusão automáticos. Esse tipo instantâneo de comunhão divina, literalmente a linguagem da luz, pode ocorrer entre estranhos, entre amigos, entre sócios, entre familiares e entre entes queridos. Se esse encontro ocorre entre pessoas solteiras, então, de acordo com esta primeira definição, já teve início um genuíno relacionamento de almas gêmeas.

Falaremos, mais adiante, sobre *almas duplas, chamas duplas, almas afins, gêmeos astrológicos,* e outras palavras desse gênero, inventadas para dar a idéia de relacionamentos especiais ou singulares entre homens e mulheres. Há muitos termos usados para transmitir essa idéia de uma afinidade extraordinária entre sexos opostos.

Ter em sua vida a presença divina de alguém que seja seu igual, quer o chamemos de alma gêmea, ou o identifiquemos por qualquer outro rótulo singular, é um período jubiloso e extremamente abençoado nesta terra. Muitas pessoas sentem-se deprimidas porque não têm essa presença. Se você é do tipo romântico, então a sua dor é muito maior quando passa suas horas sozinho. Eu sei disso, pois fui um desses tipos românticos a maior parte de minha vida de adolescente e de adulto. Não amar ou não ser amado por uma pessoa do sexo oposto parecia-me muito anormal. Compreendo que há alguns seres humanos que não precisam ou não querem essa deliciosa alegria do companheirismo e do amor partilhado com um cônjuge no nível da alma — ou mesmo em qualquer outro nível. Algumas pessoas estão felizmente casadas com seus empregos, com suas carreiras, com sua arte, com sua política, com sua religião, com sua ciência, com seus negócios, com sua família, com sua nação ou, melhor ainda, com seu Deus! Mantêm sua atenção voltada para um único objetivo ou missão que escolheram na vida. Não há nada de errado nisso. Estão fazendo e apreciando o que as faz felizes e o que está certo no momento, acelerando assim sua evolução. Esses indivíduos escolheram o destino de ficar sozinhos. Em última análise, cada um de nós terá de encontrar seu Deus sozinho, frente a frente. Não pode ser feito "de mãos dadas" com uma alma gêmea.

Neste período da minha vida, resolvi ser um pai de família, ou seja, ter uma companheira que eu amo e que me ama. Qual é a sua escolha?

Como você está lendo este livro, suponho que quer manifestar "alguém especial" na sua vida, alguém que possa amar como você ama, viver como você vive, sonhar como você sonha. Ótimo! Então, eu sei como ajudá-lo a acelerar seu progresso em direção a esse destino divino!

Normalmente, uma "situação familiar" de casamento e filhos é o melhor terreno disponível para plantar as sementes da maturidade do ego e do crescimento da alma. Num casamento, um homem e uma mulher são testados diariamente e são capazes de evoluir várias vezes por dia. O simples ato de superar um problema físico ou mental, individualmente ou juntos, enriquece o crescimento da alma. Pense nisso. Quem quer que esteja na sua vida, e que atue como um perfeito espelho, pode refletir para você todas as suas grandes forças e fraquezas. Como ninguém pode crescer enquanto ignorar as próprias fraquezas, seu "igual" é, literalmente, enviado por Deus!

Concentre-se e siga o seu desejo de encontrar sua alma gêmea. Um desejo intenso dá-lhe um poder invencível. Desejo-lhe êxito enquanto você explora e põe em prática estes pensamentos. Você está numa jornada santa e divinamente abençoada!

4

Há mais de uma?

Estenda-se e junte num cálido abraço, expanda-se e toque todos os seus outros pontos e partes no espaço.

Conte as estrelas nos céus. Há mais de um céu? Certamente que há. Para alguns, isso é uma teoria; para mim, trata-se de um fato: em qualquer universo, para cada estrela minúscula ou enorme, há sempre outra estrela que é sua contraparte exata. Nesse vácuo ilimitado de toda a existência, há incontáveis outras formas de vida, além de nossas singulares estruturas humanóides, e elas também estão se encolhendo e evoluindo, desdobrando-se e recolhendo-se, comprimindo-se e expandindo-se, descendo e subindo, todas em sua própria época e estação, dentro da "estrutura" espacial de seu próprio tempo compartilhado.

Por que um ilimitado Criador-de-todas-as-coisas não criaria inúmeros pares, ou respectivas contrapartes, para que pudessem ocorrer o reconhecimento e o crescimento interior entre eles? A não ser que todos os casais estivessem igualmente equilibrados por uma contraparte, todo o universo estaria em desequilíbrio!

Ellen
Chappelle
Pietsch

Pense nisso. Continue pensando intensamente. Por que você é tão atraído por algumas pessoas e sente tanta repulsa por outras? Por que sente uma imediata familiaridade ou fraternidade com algumas pessoas ao vê-las pela primeira vez? Simplesmente porque há comprimentos de onda, tons, sons, espectros de luz, pensamentos ou idéias que combinam. Pense no número impressionante de probabilidades em ação. Existem hoje na terra mais de seis bilhões e meio de almas humanas! Se apenas uma em dez mil estivesse no mesmo nível de consciência de alma que você, a chamada idade certa, aparência certa e assim por diante, haveria então, no mínimo, 650.000, metade das quais homens ou mulheres. Isto permite 325.000 uniões possíveis de almas gêmeas, desde que você consiga encontrar seu oposto num nível da alma. Você deve concordar que isso assegura uma ampla variedade de almas gêmeas possíveis!

E se houvesse apenas uma pessoa em um milhão que ressoasse no seu tom ou nível de alma? Ainda restariam mais de 3.000 maravilhosos alinhamentos. Sejamos bastante incrédulos para sugerir que talvez apenas uma em um bilhão vibra com você na altitude de sua alma. Restam-lhe ainda, no mínimo, três almas gêmeas para escolher.

Afaste qualquer receio de que você foi "deixado de lado" ou de que ninguém no mundo pode amá-lo ou compreendê-lo. Todos nós temos muita companhia em qualquer nível da alma, superior ou inferior, em que estivermos operando. Como todos os níveis da alma são positivos, não importa se no mais ínfimo ou se no mais elevado, sempre haverá alguém igual para refletir sua divina identidade. Dê graças e concentre-se nesse pensamento sempre que precisar, inclusive no futuro.

Enquanto isso, não lhe parece sensato deixar para trás todos os receios, dúvidas, culpas e outros obstáculos criados por você mesmo e que possa ter adotado em alguma parte e em algum período no passado? Saiba simplesmente que, no seu íntimo, estão em ação todas as faculdades e fatores necessários para chamar, à vontade, sua alma gêmea até você.

Pondere. Você está vivo e consciente disso? Você tem realmente escolha ou livre-arbítrio? Tem uma mente aberta que torna tudo possível? Mas uma mente fechada é impossível! Você quer? Nesse caso, tem dentro de si todo o poder do universo à sua disposição para convocar e materializar sua alma gêmea na sua realidade. O desejo é a única fonte de todo o poder!

Compreenda que, sem dúvida alguma, há alguém, neste exato momento, que é a sua contraparte ideal e está querendo conhecê-lo e estar ao seu lado agora mesmo. Não tenha dúvida de que o seu par quer estar ao seu lado tanto quanto você quer estar ao lado dele. De posse desse conhecimento, prossiga tranqüilamente na sua magnífica jornada. Tudo o que você conhece, de um modo indubitável, é certo!

5

Como começam os relacionamentos entre almas gêmeas

Não pergunte nada às margaridas, elas não falam. Erga os olhos para os céus. Lá surgirá a estrela única!

Como e onde se desenvolve um relacionamento de almas gêmeas é algo que depende de diversos fatores. Quer você acredite ou não que a Terra seja redonda, isso não muda o fato de que ela o é, embora, durante milhares de anos, muitas pessoas pensassem que ela fosse plana. Quer você acredite ou não na reencarnação, isso não muda o fato. Se a reencarnação não faz parte da sua realidade, significa apenas que você aceitou crenças ou ensinamentos falsos e não encontrou ainda fatos corroborantes que o convencessem de que todas as almas humanas assumem a forma humana várias vezes. Este processo simplesmente é ininterrupto, a menos que alcancemos a mesma identidade da alma desperta encontrada por Jesus há 2.000 anos. Só quando compreendemos que "o reino do céu está dentro de nós" ou que "meu Pai e eu somos um", é que cessa o ciclo da reencarnação no nível humano. Ninguém está condenando a sua crença se a reencarnação não faz parte dela ou da sua experiência. Cada alma em si é responsável pelo que acredita ou sabe. Acentuo, porém, que, enquanto você acreditar em qualquer coisa, você pode ser manipulado, conduzido ou impelido em qualquer direção, à medida que os que estão no poder alimentam-no com crenças vazias. A melhor atitude da consciência, com relação a qualquer coisa, é conhecer. O conhecimento é a qualidade divina da alma e do universo magnético, ao passo que a crença e o pensamento constituem qualidades da personalidade e do universo elétrico limitado. Não é sensato abandonar conscientemente os "sistemas de crença", que foram infundidos em todos que estão mergulhados na consciência social, e viver apenas em função do que conhecemos? Na verdade, trata-se de uma mudança considerável. A recompensa imediata do crescimento supera de longe o preço de deixar para trás o antigo dogma. A verdade sempre nos liberta!

Às vezes, a reencarnação exerce uma considerável influência que ajuda a explicar por que algumas almas gêmeas se sentem atraídas à primeira vista. Todos nós já nascemos e renascemos em todas as principais civilizações da Terra. Sempre que, em cada período de vida, se estabelece um estreito laço de amor ou de ódio entre duas pessoas, isso fica registrado nessas duas almas. Nada jamais é esquecido depois de ter sido experimentado por qualquer forma de consciência. Só nessa área podemos ter partilhado o amor de muitas pessoas. É por essa razão que, quando alguém de uma vida passada entra numa sala ou caminha à nossa frente, ocorre um reconhecimento inato, uma familiaridade agradável — ou às vezes muito desagradável.

Podemos concluir, portanto, que, se tivemos um relacionamento maravilhoso com essa pessoa numa vida passada, seria fácil, se todas as condições também forem favoráveis, reiniciar outro relacionamento com base na memória da alma.

Isso também funciona ao inverso. Alguém que desprezamos ou odiamos em outra vida pode surgir novamente no nosso caminho a fim de que possamos conhecer as qualidades cativantes que ela tem. Podemos ver Deus em qualquer coisa ou em qualquer pessoa, bastando, para isso, que olhemos bem no fundo.

Em alguns casos, o relacionamento passado constitui uma base a partir da qual podemos continuar a crescer. O parceiro de um casamento passado pode achar que ainda há alguma coisa para resolver entre ele/ela e a outra pessoa. Nesse caso, o relacionamento atual pode durar apenas o tempo necessário para resolver a antiga questão e, em seguida, terminar abruptamente. O livre-arbítrio, a escolha e a concentração são sempre fatores determinantes. Se, por outro lado, o encontro das almas ocorre naquele nível elevado, elas podem acabar criando um relacionamento permanente de almas gêmeas. As duas escolheram seguir a mesma trilha, lado a lado, elevando-se juntas em direção a Deus.

Quem quer que olhe com realismo para a situação atual no mundo pode ver, por si mesmo, que quase todos os relacionamentos nos casamentos limitam-se a intercâmbios de personalidades. A forte coesão do magnetismo, ou força da alma, quase não existe. Dessa forma, o que parece ser um relacionamento sólido, torna-se, em breve, instável, tropeça e leva a uma separação. Houve uma época em que eu acreditava que os casamentos deviam terminar entre os cônjuges se as diferenças mentais, emocionais, físicas ou espirituais parecessem incompatíveis. Agora, compreendo que todos os casamentos devem ser considerados sagrados e, uma vez realizados, não devem ser interrompidos por nenhuma razão, exceto por abusos físicos, mentais ou emocionais.

Neste aspecto, é possível estar casado com uma pessoa que, a princípio, não parece ser a nossa alma gêmea, mas que pode vir a se tornar uma alma gêmea no decorrer de anos de paciente tolerância e compreensão mútua? Sim, pois o que é impossível para Deus?

Conseqüentemente, se é que já não o fez, você também deve elevar sua consciência para encontrar sua companheira num nível da alma. A não ser que ambos estejam se comunicando e interagindo na mesma "freqüência de onda", a jubilosa união de almas que poderiam compartilhar torna-se impossível. Em outras palavras, só através de uma consciência de almas compartilhada pelos dois é que a expressão "almas gêmeas" como será definida mais adiante se torna aplicável. Quando obtemos o privilégio de encontrar, em qualquer encarnação, um(a) parceiro(a) para o casamento no nível da alma, essa possibilidade é registrada e estende-se a qualquer vida futura, para que o casal volte a se encontrar! Isto não significa que você precise estar casado, legal ou formalmente, de acordo com os costumes do lugar. O verdadeiro casamento entre duas entidades sempre existe no íntimo de suas consciências. Se você estiver realmente casado com alguém, você o saberá e desfrutará desse seu relacionamento. Do contrário, o casamento, a princípio, não existe e, se você já está casado, ele precisa ser criado. O casamento deve ser entre você e seu/sua companheiro(a). Os papéis do casamento representam apenas uma intimidação legal de um falso ritual e promessas escritas sem valor. Apenas as leis interiores, estabelecidas pelo próprio Deus do nosso ser interior, criam e governam um verdadeiro casamento, não os legisladores locais ou os rituais religiosos criados pelo homem. A forma singular assumida por qualquer casamento varia de acordo com o país, a região, a raça e a religião, mas o aspecto mútuo da consciência unificada de um acordo de casamento entre uma mulher e um homem é sempre o mesmo em qualquer país, região, raça ou religião. O matrimônio deve ocorrer, em primeiro lugar, como um acordo mutuamente compartilhado em consciência. Só então o casamento pode refletir genuinamente algum tipo de ato exterior ou fusão física. Todos esses casamentos são sagrados e nunca deveriam ser dissolvidos por nenhuma razão, a não ser por abuso violento da parte de um dos cônjuges.

Conservar seu casamento como algo sagrado, depois de estabelecido, é extremamente importante. O adultério é uma verdadeira violação das leis de Deus, mesmo quando cometido apenas na mente. Podemos transformar qualquer casamento ou afinidade entre um homem e uma mulher num relacionamento muito real de almas gêmeas, se quisermos! Isso pode exigir uma dose considerável de força de vontade e de alma disciplinada, mas as compensações são sublimes. Portanto, desde que estejamos dispostos e sejamos capazes de elevar o nosso relacionamento atual a um nível da alma, quer se trate de um casamento por contrato ou de qualquer outro tipo de união, estaremos interagindo acertadamente com nossa alma gêmea, e permaneceremos exatamente no Eterno Agora!

Naturalmente, essa nova consciência significa uma mudança do ego através de mudanças de atitude. Também levará tempo e esforços, pois é sempre difícil enfrentar ou superar as rígidas crenças da nossa personalidade e *admitir* as dos outros. Muito poucos de nós aprenderam até certo ponto a admitir as idéias que os outros têm da verdade, por mais limitadas que pareçam ou que sejam de nosso conhecimento. A introdução consciente de uma força positiva e tolerante de alma nos nossos intercâmbios reforçará e elevará o relacionamento com um cônjuge, com um sócio comercial, com um estranho, com um amigo ou com familiares queridos.

Felizmente, nossas almas onipotentes têm o poder de influenciar-nos, de agir sobre nós, de impressionar-nos ou de dirigir a consciência da nossa personalidade adormecida para uma ação física contrária a, ou além de, um dado pensamento ou sentimento. O "ego interior" pode vetar uma direção escolhida pela nossa personalidade. Nossa personalidade pode decidir empreender um certo curso de ação, ou linha de direção, e nossa alma pode interferir e anular essa decisão. Nossa alma pode levar-nos à vontade para uma trilha ou resultado totalmente diferente, quando isso for mais satisfatório para o Deus em nosso íntimo. Essa "intervenção divina" ou esse ato de assumir o controle num momento inesperado de nossa vida é uma aplicação direta da lei universal já mencionada, a de que "o maior controla o menor". Eu a conheço, pois já a experimentei diversas vezes.

A narrativa seguinte, a história verdadeira de como minha alma assumiu o controle e mudou o rumo dos meus passos e do meu destino, ajudará a transmitir-lhe essa idéia. Esta história também demonstra que, mesmo entre almas gêmeas, um atrito bastante forte pode causar rachaduras, ou uma separação no tempo e no espaço entre as duas. Portanto, se você já se perguntou se é possível haver uma ruptura num relacionamento entre almas gêmeas, a resposta é *sim!* Qualquer desequilíbrio significativo ou abuso de energia e consciência no plano físico pode perturbar imensamente a sua vida. E isso é um fato.

Logo no início da minha carreira profissional de jogador de basquetebol, conheci uma linda jovem — com a qual me casei —, que era decididamente "minha igual", se é que não tinha a alma muito mais inspirada do que a minha naquela época. Expulsei-a de minha vida, literalmente falando, através de um ato violento e explosivo de ciúme doentio.

Acabáramos de ter uma discussão em altos brados, quando meu ato impensado de violência colocou a vida dela em grande perigo. No auge desse violento drama emocional, o tempo parou. Minha cólera induzira-me a dar-lhe um forte soco no abdome. Uns quinze dias antes, Bonnie fora submetida a uma operação de apendicite. Eu poderia sem dúvida tê-la matado com esse soco.

Meu gesto, na verdade, foi uma perfeita *manifestação de uma reação refletida no tempo,* quando Bonnie, movida pelo mesmo tipo de ciúme doentio, perfurara meu ventre com uma adaga, causando minha morte instantânea, numa existência há menos de 5.000 anos. Isso aconteceu numa vida que compartilhamos no Havaí. O passado é o passado, e o presente é o presente. Naquele exato momento, na vida atual, tive um gesto de violência quase idêntico contra ela. A porta do tempo abriu-se novamente. A pequena sala de estar desapareceu. Em seu lugar, surgiu uma espantosa visão, nítida como cristal. Então, minha linda Bonnie transformou-se diante de meus olhos numa velha acabada. Ela estava diante de mim, envolta numa intensa luz vermelha, enrugada com a poeira e com o passar do tempo. O processo de envelhecimento acelerou-se! Fiquei olhando apavorado enquanto ela começou a se partir e a se desintegrar rapidamente, deixando apenas um montinho de poeira cinzenta diante dos meus olhos.

Simultaneamente, uma voz severa fez-se ouvir na minha consciência. A voz misteriosa anunciou que o meu desequilibrado e violento gesto de raiva ciumenta contra Bonnie acabara de criar um espaço imenso e intransponível entre a sua alma e a minha. A voz interior declarou que essa brecha continuaria a existir entre nossas almas até que eu tivesse esta mesma visão mais uma vez. A voz disse que nos separaríamos dentro de alguns dias. Minha alma interviera. A promessa feita de que a macabra visão se repetiria foi cumprida muitos anos depois.

Quando a cena espetacular se desvaneceu, percebi que estava na sala de estar diante de uma Bonnie muito abalada. Seu rosto estava cinzento e ela estava encolhida, devido à dor causada pelo meu soco repentino, explosivo e totalmente inesperado. Fiquei em silêncio por um longo tempo. Minha raiva desaparecera. Eu estava inteiramente sóbrio e congelado no tempo. Tremia de medo e estava tomado por um enorme remorso e uma grande apreensão. Eu sabia que Bonnie poderia morrer diante de meus olhos.

Ela se sentiu terrivelmente mal durante alguns minutos, mas aos poucos foi recuperando o fôlego e a compostura. A briga culminara numa violência inesperada. Ambos estávamos muito abalados e fitamo-nos em silêncio por algum tempo. O mistério daquela visão sobrenatural de uma dobra do tempo permaneceu sem solução até o último momento, quando a visão se repetiu exatamente, com todos os pormenores, diante de meus olhos, como fora predeterminado pelo meu Deus interior.

Enquanto isso, o apaixonado relacionamento amoroso do passado foi esfriando entre minha querida Bonnie e eu. Em acontecimentos rápidos, sucessivos, Bonnie e eu em breve estávamos separados e divorciados. A previsão tornara-se realidade. Eu estava de novo sozinho no mundo. Tudo o que antes tinha significado na minha vida desmoronara-se de repente sobre mim. Entretanto, continuei a sentir um amor forte e saudoso por Bonnie. Erguia-se, porém, entre nós uma parede intransponível. Por mais que eu tentasse, não consegui localizar seu novo endereço nem descobrir sua presença física. Durante dez longos anos, emocionalmente dolorosos, persegui mentalmente e, às vezes, até fisicamente, o fantasma de meu "amor perdido". Qualquer forma feminina, vista de certa distância, que se parecesse com ela, reanimava minha atenção e minhas esperanças. Essas auto-sugestões sempre terminaram em desapontamentos. Era como se ela tivesse desaparecido da face da terra. Eu sabia que os pais dela tinham conhecimento de onde ela estava, porém se recusavam a dizer-me e, assim, a barreira invisível, porém, espessa, permaneceu entre nós. Continuei ainda a esperar e a procurar, à medida que, um a um, transcorriam os longos anos de busca. Felizmente, embora minha cabeça estivesse muito virada e ligada ao passado, consegui encontrar algum "tempo presente" e localizar algumas lacunas pessoais em minha própria compreensão da realidade.

De outra feita, quando tentei abandonar a civilização e viver o resto de minha vida numa caverna, a mesma voz severa fez-se ouvir. O tempo parou de novo momentaneamente. *A voz* informou-me que eu não poderia viver, pobre e miseravelmente, escondido numa caverna, que devia voltar imediatamente para a civilização e adquirir mais autoconhecimento, partilhando-o com os outros, à medida que o fosse assimilando e aprendendo a viver com ele. Eu fora para "O Vale da Tribo Perdida", em Kauai, a Ilha-Jardim do Havaí. Eu tinha a impressão de que toda a Terra era incivilizada e bárbara, e não queria mais viver num ambiente tão hostil. Minha intenção era passar o resto de meus dias no isolamento da enorme caverna que acabara de descobrir no vale que dava para a praia. Em vez disso, voltei como me haviam ordenado e tomei um novo rumo. Eu era agora um homem com uma missão. Com uma mente aberta, busquei conhecimento onde quer que o pudesse encontrar. Como o conhecimento quer ser apanhado ou agarrado tanto quanto o quisermos apanhar ou agarrar, encontrei meu caminho de professor para professor, sempre avançando um pouco mais, à medida que dominava cada escola de pensamento que me era apresentada.

De volta a Bonnie. Dez anos mais tarde, minha busca da verdade levou-me a um professor extraordinário que chefiava uma Igreja da Ciência Religiosa no sul da Califórnia. Chamá-lo-ei de Lew, preservando assim sua identidade.

Lew tinha uns vinte novos alunos em seu curso avançado de treinamento em curas. Entregou a cada um de nós um papelzinho branco. Disse-nos que escrevêssemos no papel o que mais queríamos na vida, apenas isso. Disse-nos que puséssemos nossas iniciais no papel, que o dobrássemos e o

Pietsch

colocássemos na tigela que segurava. Esperou pacientemente enquanto escrevíamos nossos desejos; em seguida, recolheu-os e passou novamente a tigela pela sala. Disse que nossa tarefa para o fim de semana seria retirar um dos papeizinhos. Ao chegar em casa, deveríamos ler o que nossos irmãos ou irmãs haviam escrito na classe como seu mais ardente desejo. Nossa tarefa consistiria em pôr nosso treinamento em prática. Cada um de nós deveria se concentrar, durante algumas horas no decorrer do fim de semana, e ver a realidade do desejo registrado nos olhos de nosso espírito. Nossa tarefa era ajudar a tornar qualquer desejo escolhido na tigela uma realidade viva e concreta. Era o começo de um grande jogo e todos fomos para casa sentindo-nos extremamente entusiasmados e animados com o nosso dever. A "capacidade" de ajudar alguém a conseguir o que queria aumentava a nossa curiosidade.

Naquele fim de semana, seguindo as instruções de Lew, sentei-me e concentrei-me no que me parecia ser um desejo extremamente frívolo de uma colega. Por mais que tentasse, não podia pensar seriamente em ajudar alguém a manifestar um desejo aparentemente tão inútil. Entretanto, fiz uma tentativa para concentrar-me nesse tolo anseio.

De repente, tive a impressão de que um pensamento comovente e significativo surgia na minha mente. Se eu estava achando difícil manifestar a idéia de outra pessoa, então quem quer que estivesse recebendo o meu desejo poderia estar também fazendo a mesma tentativa! Tomei subitamente a decisão de ser responsável pelo meu trabalho criativo. Por que deveria eu depender de alguém para fazer o trabalho por mim?

Meu desejo estava expresso numa mensagem curta, porém vitalmente significativa: "Quero entrar novamente em contato com B.B.!"

Esse fora o pensamento e o desejo predominantes no meu íntimo durante quase dez anos. Eu queria isso mais do que qualquer outra coisa naquele momento! Quanto mais pensava no assunto, mais forte se tornava a minha determinação de fazê-lo realizar-se. E o faria por mim mesmo, e não através do poder de outra pessoa!

Até então, parecera ser impossível. Nenhuma das muitas cartas que escrevi para os pais de Bonnie fora respondida. Elas não me haviam sido devolvidas, de forma que parecia razoável supor que haviam sido recebidas. Naquele momento, senti-me invencível. Senti-me inspirado a sentar-me e escrever uma longa carta de súplica, primeiro para os pais de Bonnie e depois para ela, aos cuidados deles. Eu sabia que, como os pais de Bonnie não me queriam dar o endereço dela, eu tinha realmente de ser convincente se esperava que respondessem à minha carta. De certa forma, eu sabia que essa carta chegaria enfim a Bonnie. Tudo o que sabemos, de um modo indubitável, é certo!

Nessa minha carta aos pais de Bonnie expliquei que eu era uma outra pessoa. Disse-lhes que descobrira recentemente uma nova espiritualidade interior. Comuniquei-lhes todo o amor de minha alma, bem como o meu profundo remorso e angústia por ter perdido Bonnie. Assumi toda a culpa pela nossa separação e pedi que me perdoassem por tornar sua filha infeliz. Implorei-lhes, humildemente, que entregassem a carta anexa a Bonnie, convidando-os a lerem-na antes, caso desejassem.

Terminada essa longa carta, comecei outra, igualmente prolixa, mas impregnada de força de alma e de amor para Bonnie. Pedi-lhe que me perdoasse, expressando meu eterno amor e o desejo de revê-la.

Depois de escrever a última palavra das duas cartas, senti-me tão incrivelmente animado e exaltado que tive a impressão de já ter estabelecido, de alguma forma, um contato e que o resto em breve seria apenas coisa do passado. Essa idéia mostrou ser bastante válida.

Mal acabara de largar a caneta e selar o envelope quando outro pensamento positivo se registrou na minha mente. Senti um impulso irresistível de entrar no meu carro e de pôr a carta na caixa do correio na rua principal do centro de compras de Redondo Beach, muito perto de onde então eu morava. Sem hesitar, entrei no carro com a carta na mão e dirigi-me apressadamente para o centro de compras. Ao me aproximar do meu destino, estacionei o carro e encaminhei-me para a caixa do correio. Como uma despedida derradeira, beijei a carta volumosa e já selada. No momento em que a carta desapareceu na caixa azul, uma explosão extraordinária de energia espalhou-se por todo o meu ser. Senti-me fortemente inspirado. Eu poderia transpor altos edifícios com um poderoso salto! Ao mesmo tempo, tive outro pensamento estimulante. Há vários dias, eu estava querendo assistir a um filme com um de meus atores preferidos, Robert Mitchum. Resolvi fazê-lo imediatamente. O cinema era perto, mas eu não estava disposto a caminhar até lá. Voltei para o carro, com a impressão de ter cinco metros de altura. Meu corpo parecia quase não ter peso, como se estivesse caminhando no ar. Com o espírito elevado, entrei no meu carro e fui diretamente para a movimentada rua onde estava sendo exibido o filme com Robert Mitchum.

"Está tudo terminado", disse comigo mesmo. "Desta vez, sei que minha carta chegará às mãos de Bonnie!"

Sem nenhum sinal ou aviso prévio, a forte mão de minha alma foi posta sobre o meu ombro. Eu estava me aproximando de um movimentado cruzamento, mas, ao invés de seguir em frente e entrar no estacionamento, manobrei abruptamente o carro e entrei no estacionamento de outro cinema, à minha direita. Tratava-se, sem dúvida, do cinema errado! Ou não?! Estava confuso.

"Por que fiz isso?", perguntei-me. *Não obtive resposta!*

Virei-me para olhar o nome do filme na marquise do cinema, acima da bilheteria. O título do filme, *Ela*[2], registrou-se vagamente na minha consciência semiparalisada. Uma parte da minha mente não conseguia entender o que eu estava fazendo, enquanto outra parte desconhecida parecia estar no comando e sabendo exatamente o que queria! Eu não tinha nenhuma intenção consciente de entrar *naquele* estacionamento e assistir àquele filme. Até aquele exato momento, eu sequer sabia da existência de um filme com esse nome, embora conhecesse o pequeno cinema naquela esquina. O que acontecera? Eu deveria estar me dirigindo ao outro cinema, para ver o filme de Robert Mitchum. Não tinha nenhuma intenção de ver outro filme. Eu não só havia manobrado o carro e entrado no estacionamento do cinema *errado,* como também estava saindo do carro e indo à bilheteria *errada,* a fim de comprar uma entrada para o filme *errado!*

Pensamentos rebeldes passaram-me pela mente como se fossem pipocas a estalar.

"Mas o que é isto? O que está acontecendo? Por que estou fazendo isto?" *Nenhuma resposta.*

Era uma situação em que a verdade falava mais alto do que a ficção. Cheguei à bilheteria, empurrei a quantia exata de dinheiro até a bilheteria, e a moça sorridente entregou-me o ingresso. Instou que eu me apressasse e descesse o longo corredor visto que o filme estava prestes a começar. Nesse tempo todo, eu estava dominado por uma estranha sensação de ter perdido a razão.

---

2. O filme "Ela" baseia-se num romance do mesmo nome da autoria de H. Rider Haggard, originalmente publicado em 1887 e reeditado por diversos editores. Verifique na sua biblioteca local. O primeiro filme é de 1917 e, com o passar dos anos, surgiram diversas versões. A versão inglesa, aqui citada, é de 1965.

"Por que estou indo deliberadamente contra aquilo que eu achava que queria fazer?", indaguei e *ainda não houve resposta.*

Desci o comprido corredor, como me fora indicado, e sentei-me no primeiro assento vazio. No exato momento em que me sentei, as luzes se apagaram e a tela iluminou-se. Foi uma sincronização de uma fração de segundo, como se alguma entidade invisível tivesse dado um sinal a outras entidades invisíveis que, por sua vez, desligaram as luzes e acionaram a projeção do filme.

A esta altura, talvez você seja capaz de perceber o quanto eu estava perturbado e tenso, enquanto observava sentado, os letreiros e, em seguida, o começo do filme.

Quando apareceram na tela os principais personagens, a minha sensação de estranheza cresceu. O principal ator, John Richardson, era quase uma réplica exata de mim mesmo naquela época. Tinha o mesmo tom de pele, o mesmo porte ou aura, a mesma constituição e altura, os mesmos olhos azuis, os mesmos cabelos curtos e fartos e a mesma atitude um tanto arrogante que eu com freqüência ostentava ao caminhar ou em minhas posturas. Tive a nítida sensação de que estava me vendo na tela. *Eu estava prestes a conseguir a minha resposta.*

A trama foi se desenrolando rapidamente. Era sobre uma "civilização perdida", chefiada por uma rainha cruel porém linda, que aparentemente era imortal e que tinha, portanto, um poder ilimitado sobre seus súditos. Três amigos, recém-exonerados da Legião Estrangeira, planejaram encontrar essa cidade perdida para se apoderar do tesouro lendário, levando com eles tudo o que pudessem carregar. À medida que aumentava o entusiasmo desses três amigos pela grande aventura, o mesmo acontecia comigo. Cada cena do filme parecia levar-me para uma espécie de explosão dramática.

Quando surgiu a atriz principal, Ursula Andress, inclinei-me para a frente no meu assento, sem poder acreditar no que via. Ela era a réplica de Bonnie! Tinha o mesmo corpo incrível, os cabelos louros e compridos e os olhos verde-azulados. A partir desse momento, e até o fim do filme, não me mexi da beirada da minha poltrona. Todo o meu ser estava concentrado em sentir, perceber e viver a saga dramática que se desenrolava diante do meu olhar maravilhado e pasmo.

A ação do filme passou para o vale retirado em que a rainha-deusa dominava seus súditos com mão férrea, tirânica. A rainha matara seu antigo amor, o rei, agora reencarnado, vários milhares de anos depois, num dos três amigos, numa violenta crise de ciúmes devido a um caso dele com uma jovem escrava. *Ela cravou uma adaga no seu ventre e ele morreu imediatamente.* A rainha encheu-se de remorsos, pois amava realmente o rei e sabia que não havia na terra outro homem como ele. Pouco depois de seu assassinato, ela descobriu o segredo da imortalidade, mas recusou-se a partilhá-lo com os outros, pois dessa forma se tornava invencível. Ansiava por voltar aos braços do rei e, como era imortal, sabia que se tratava simplesmente de uma questão de tempo para que ele voltasse a reencarnar na terra. Quando os três aventureiros estavam preparando seus planos, ela viajou até a cidade e conversou pessoalmente com ele. Contou ao rei reencarnado a história de seu passado e convidou-o a voltar para ela. Revelou-lhe que muitos homens haviam desejado ser o seu rei durante sua longa ausência, mas achara todos indignos. Ele devia mais uma vez demonstrar seu valor. Só se ele conseguisse fazer a longa viagem através das montanhas e desertos ardentes até o Vale da Civilização Perdida, sem ajuda de guias, teria permissão para entrar em seu reino. Deu-lhe um mapa, um beijo de despedida e disse-lhe que esperaria ansiosamente sua volta. E desapareceu tão misteriosamente como aparecera.

O rei reencarnado, seguido de perto por seus dois companheiros, lutou contra os homens e a natureza, mas chegou enfim triunfante ao vale perdido. Foi recebido com grande alegria pela malvada rainha. Com o tempo, ela lhe disse que ele também poderia conhecer o segredo da imortalidade e, juntos, dominariam o mundo. Convidou-o a penetrar na câmara secreta na montanha, para realizar junto com ela o ritual eterno. Enquanto o futuro rei observava, a rainha subiu a um altar formado por uma pedra redonda. Explicou que só uma vez a cada mil anos uma certa estrela-chave se encontraria, nos céus, na posição exatamente correta para que um raio de sua estranha luz brilhasse através de um orifício, no flanco da montanha, iluminando o altar. Ela disse que surgiriam então do altar chamas inofensivas. Há cinco mil anos, ela dançara nessas chamas e, com isso, obtivera sua imortalidade física. Ela queria que o mesmo acontecesse com o seu rei e, firmando-se no altar, enquanto as chamas se erguiam, para iniciar a dança, convidou-o a juntar-se a ela. As chamas roçavam seu corpo e rodopiavam ao redor dela, enquanto o rei olhava maravilhado.

De repente, a rainha emitiu um terrível grito de dor. Seus olhos mostraram súbito medo e terror. Antes de o rei poder fazer qualquer movimento, ela imobilizou-se numa posição e foi consumida pelas chamas!

Inclinei-me ainda mais no meu assento e retive o fôlego, admirado. Eu atravessara o portal do tempo! Ali e agora, na tela diante de meus olhos físicos, como me prometera minha alma, repetia-se a mesma visão que eu contemplara há mais de dez anos. Meus olhos encheram-se de lágrimas à medida que B.B., uma beleza deslumbrante há apenas alguns segundos, se transformava numa bruxa seca e enrugada. As cicatrizes do tempo, as transgressões da idade, ficaram visivelmente reunidas em seu corpo. Pouco a pouco, todo o corpo encolheu, restando apenas um montículo de trinta centímetros de altura de cinzas ardentes.

Meu coração saltava e batia forte. Não dei atenção ao resto do filme. Meus olhos derramavam rios de lágrimas, mas, no íntimo, todo o meu ser estremecia de prazer divino! Uma doce alegria sobrenatural cantava em minha alma. A promessa feita fora cumprida. Eu acabara de ver a visão há tanto tempo prevista repetir-se diante de meus olhos. Era um bom sinal de que minha reunião com Bonnie fora restabelecida.

Passou-se um longo período de tempo. Minha carta só foi "entregue" a Bonnie dois anos depois. Ela me telefonou imediatamente após ter lido a carta.

A mãe dela, June, telefonou-me assim que recebera minha carta e depois de tê-la lido junto com meu ex-sogro. Disse-me que Bonnie acabara de aceitar uma proposta de casamento de um excelente homem, pertencente a uma família rica. Disse que o homem com quem Bonnie estava para se casar era muito parecido comigo. Entretanto, disse também que Bonnie jamais deixara de me amar totalmente e que, se entregasse agora a carta a Bonnie, provavelmente ela não levaria adiante o casamento. Pediu-me que pensasse sobre o assunto por algum tempo e que lhe comunicasse minha decisão quando estivesse preparado. Ela faria o que eu pedisse.

Eu sabia que só queria o melhor para Bonnie e, com o coração pesado, disse a June que esperasse algum tempo depois do casamento de Bonnie para entregar-lhe então a minha carta. June esperou dois anos mas, apesar dessa demora, a comunicação atravessou o Universo Elétrico. Foi maravilhoso falar novamente com Bonnie. Continuamos amigos e vimo-nos algumas vezes durante os anos que lhe restavam. Ela morreu muito jovem, de câncer.

Como você pode concluir da narrativa acima, o tempo nada significa para a alma. A alma permanece no Universo

Magnético, acima do tempo, e, quando alçamos nossa consciência até nossas almas, podemos entrar em contato com nossas almas gêmeas.

Minha alma e sua alma sabem como situar nossos corpos no lugar e no momento certos. Você e eu temos uma escolha. Só temos de querer alguém especial em nossas vidas e tornarmo-nos também alguém especial. *Este é o caminho básico para o início de todos os relacionamentos de almas gêmeas*. Seu desejo de se unir ao seu oposto dá início à manifestação nos níveis da realidade física.

Você pode fazê-lo! O que outros fizeram, ou estão fazendo, pode ser feito por você. Eu posso, eu fiz, e você pode. Comece agora a sua gloriosa aventura. Dirija a sua consciência para a percepção transcendente de que você é o senhor do seu destino.

Ellen Chappelle Pietsch

6

O que você procura?

Onde, entre as infinitas centelhas que iluminam os céus da vida, está aquela pela qual minha alma anseia e arde por conhecer?

Todos nós temos uma imagem de nossa contraparte mais *imediata* e ideal. Esse homem ou mulher em forma humana é uma fonte de grande atração para nossas almas e mentes. Cada forma da vida em evolução é governada por ideais. Esses ideais fornecem-nos visões de novos mundos a serem conquistados, de uma nova força para superar antigas fraquezas, de uma medida infinita de novas possibilidades que alargam nossas mentes e vontades. Os novos ideais permitem-nos esperar e antecipar jubilosamente os dias vindouros.

Uma pessoa em crescimento consciente passa de um ideal para outro — esse é o impulso natural da evolução da percepção e a forma que concentra essa percepção. O que começa na mente de Deus ou do ser humano, do cientista, do santo, do místico ou do sensitivo, é uma idéia que, gradativamente, assume uma forma material. A forma mais elevada dessa idéia que conhecemos é o ideal que dela fazemos. A idéia ou visão de algo mais desejável passa da mente para o grande computador humano chamado cérebro, induzido a expressar-se por meio de ondas de luz elétrica. As várias formas físicas hoje existentes na terra são expressões outrora mantidas na mente como um ideal.

Enquanto procuramos alguém especial em nossa vida, somos motivados por um modelo de "perfeição" já impresso no nosso ser. Se somos atraídos por homens ou mulheres morenos ou loiros, de olhos castanhos ou azuis, é porque essa imagem é a que mais se aproxima, *neste período* da nossa vida, do nosso ideal. Poderá mudar dentro de um mês ou de um ano. Dessa forma, quando começamos a procurar intensamente um(a) parceiro(a) para equilibrar nossas vidas, seria prudente saber o que estamos procurando. Deveríamos ser capazes de pensar por um momento e depois escrever o que decidimos. Escrevamos exatamente o tipo de aparência, o tipo de temperamento, o grau de espiritualidade, o tamanho, a forma, o tom da pele e qualquer outro atributo ou aspecto específico que desejamos ver na nossa alma gêmea. Ou façamos um retrato, de preferência em cores, dessa pessoa especial. Esse retrato vale mais que um milhão de palavras. Forneçamos todos os pormenores possíveis — a forma da cabeça, o comprimento do cabelo, a cor dos olhos, etc.

Antes de Pam entrar em minha vida em Virginia Beach, fiz um retrato quase perfeito de sua cabeça, perfil e comprimento do cabelo. Aprecio, numa mulher, os cabelos na altura dos ombros, ou mesmo mais compridos. Ela chegou com os cabelos na altura dos ombros, assim como eu a havia desenhado! Entretanto, daí a uma semana, ela mudou o "visual", cortando o cabelo quase à escovinha. Fiquei abismado e um tanto perplexo quando ela me apresentou sua nova imagem, mas entendi que tinha de lhe conceder essa escolha. Fiquei muito contente quando ela deixou os cabelos crescerem de novo até os ombros!

Lembre-se de que você conseguirá aquilo em que se concentrar firmemente, com força e determinação. Praticaremos esta técnica criativa de manifestação, trabalhando a partir do conhecido, usando imagens concretas, em lugar de abstratas. Essa é sempre a maneira mais fácil de visualizar e, por conseguinte, de manifestar o desejo conhecido através de um sentimento intenso e da concentração. Você tem um diagrama com o qual trabalhar, e os semelhantes se atraem.

Há um outro enfoque muito mais desafiador, porém infinitamente mais compensador. Em vez de trabalhar a partir de estrutura ou de especificações conhecidas no Universo Elétrico, você simplesmente se concentra no Deus do seu ser no Universo Magnético e evoca o seu parceiro ideal, alguém que, nesse mesmo momento, é o que você é na consciência, exceto que você quer alguém do sexo oposto. Essa pessoa refletirá tudo o que você é. Ela espelhará perfeitamente todas as suas grandes forças ou fraquezas e suas divinas virtudes. Essa unidade é extremamente compensadora. Suas qualidades divinas são reforçadas quando você as vê refletidas de volta. Sua auto-estima e confiança aumentam, sua culpa e outros pesos inúteis diminuem. Pelo fato de amar e de apreciar essas qualidades refletidas em você, você é mais capaz de amá-las e apreciá-las nos outros. E quando você vê uma fraqueza através do reflexo de uma alma gêmea, está finalmente em condições de admiti-la e tornar-se forte nessa área. Se você é ignorante, ou seja, se não está ciente de qualquer limitação ou falha, não há nenhuma possibilidade de *reformar-se!*

Discordo totalmente do conceito de que ignorância é felicidade. Quem iria querer esse tipo de felicidade? A ignorância apenas nos mantém no escuro e desnecessariamente limitados. A única pessoa que transcendeu a ignorância é aquela que se elevou; mas quantas pessoas você já viu se elevarem? Até este momento, estamos todos em vários graus de ignorância, alguns em graus elevados e, talvez para muito poucos, a dose de ignorância pode ser quase imperceptível.

Não há nada de errado com a ignorância, desde que o indivíduo ignorante esteja aberto a novas idéias. Nenhum sábio julga a ignorância de um outro, pois isso, por si só, seria ignorante. Cada pessoa que encontramos na vida é exatamente tão limitada ou ilimitada quanto quer ser naquele momento! Por que deveríamos julgar ou atirar pedras em quem está fazendo o que quer fazer, através de alguma divina escolha? Só podemos tolerar e seguir o nosso caminho. Através de um contato diário e íntimo com um igual, a oportunidade de nos conhecermos aumenta dinamicamente. Experimento este novo conhecimento quase todos os dias, às vezes várias vezes por dia. Um igual a nós, embora desconhecido, atraído para nós pelo nosso desejo, trará muitas novas percepções à nossa vida.

Volte-se para o silêncio do seu ser e reflita e sinta o que mais deseja no seu sonhado par. Aí reside o seu poder e o seu magnetismo para "fazê-lo acontecer". Se você já sabe especificamente o que quer, siga todos os passos indicados nos próximos capítulos. Quando você sabe, você já está lá; é apenas uma questão de tempo. Você não vai demorar muito para apertar em seus braços essa pessoa específica e especial. Se você é uma das raras pessoas que simplesmente quer que um reflexo ou um igual surja do grande vazio desconhecido, então concentre-se nisso! Você pode escolher a mente concreta ou abstrata para se manifestar. A *mente concreta* limita-se ao Universo Elétrico das coisas conhecidas; desloca-se como ondas de luz, do específico para o específico. A *mente abstrata* trabalha com o Universo Magnético, deslocando-se do todo diretamente para o específico; seu movimento é do geral para o particular. A mente concreta desmonta as coisas, divide ou separa o todo. A mente abstrata junta as coisas, unifica e sintetiza todas as formas em expressão de vida tridimensional.

Se você tem apenas uma pequena compreensão de como funciona essa dualidade da mente, pode usá-la como o poderoso instrumento criativo que ela está destinada a ser. O conhecimento sempre acelera e facilita qualquer processo, enquanto a ignorância apalpa às cegas em busca dos resultados desejados. Assim como é preciso esforço para permanecer vivo, ao passo que é fácil morrer, também é preciso esforço para adquirir sabedoria, ao passo que não é preciso nenhum esforço para permanecer na pior ignorância inconsciente.

Qualquer idéia de que o seu/sua igual existe apenas num único nível é inteiramente falsa. Há diversos, importantes e diferentes pontos de sexo, ou pontos de contato entre os sexos, de polaridade oposta. Por exemplo: seu par ideal poderia ter um físico magnífico e uma bela aparência e ser também extremamente neurótico e emocionalmente desequilibrado. Por outro lado, esse par poderia ter uma consciência perfeitamente equilibrada ou centralizada, tanto mental como emocionalmente, mas possuir um corpo deformado ou o que se poderia considerar feições grosseiras ou mesmo feias. Da mesma forma, um homem ou uma mulher fisicamente atraente pode ter uma mente fria, materialista, sendo uma pessoa insensível. E se um indivíduo tivesse uma personalidade maravilhosamente integrada, um corpo atraente, além de sentimentos cálidos e amorosos e grande inteligência? A não ser que essa descrição corresponda exatamente a você, este par não é para você. A personalidade dele/dela pode divergir da sua. Seus valores ou abordagens da realidade podem estar a universos ou até mesmo a anos-luz de distância dos seus. A diversidade no nosso universo é maravilhosamente infinita e amiúde única. Todos os ideais são relativos a quem os alimenta.

O mais importante a ser avaliado é o equilíbrio ou a sintonia. As energias dele ou dela harmonizam-se com as suas? Ou estão em conflito? Quando você está em harmonia ou de acordo com outra pessoa significa que esta pessoa flutua na mesma linha de força ou onda de energia. Então, os dois flutuam juntos. Seus movimentos são lado a lado, na mesma direção para a frente, e não em diagonal, à esquerda ou transversal. Essas diferenças podem ser claramente percebidas por um observador inteligente.

Você descobrirá, quando fizer uma troca equilibrada com outra pessoa, que um espírito de harmonia se desenvolve entre você e seu(a) parceiro(a), amigo(a), um(a) estranho(a), ou o ser amado. Quando estiver desalinhado ou desequilibrado na relação com outra pessoa, há desacordo, e o grau de desalinhamento ou de descontentamento logo se torna evidente.

A maioria dos que só nos atraem no plano físico da realidade não passa de efêmeros reflexos do nosso grande ideal. Por isso, são poucos os que, dentre estes, mantêm conosco relacionamentos duradouros. Por este ou aquele capricho, um relacionamento, uma amizade ou um caso de amor puramente superficial surge brevemente e aos poucos termina. Amiúde o que parece ser, à primeira vista, um fúlgido ideal, pode logo se transformar num ídolo sem nenhum brilho. O esplendor superficial se desgasta, revelando que o que achávamos ser ouro ou prata de valor não passa de chumbo ou zinco! Dessa forma, nossas almas anotam mais um malogro e uma triste lembrança no registro de nossas vidas.

Durante séculos sem-número, temos registrado todas as lembranças que partilhamos, brevemente ou durante todo um período de vida, com pares ideais. Quase todos tivemos muitos milhares de encontros amorosos com o sexo oposto, durante milhares de existências humanas. Muitas vezes, o mesmo par vital pode ter surgido para partilhar deliciosos relacionamentos com a nossa alma. Individual e coletivamente, todas essas lembranças intensamente carregadas geram mesclas de ideais a partir dessa imensa rede de combinações. Todos os nossos relacionamentos passados ainda sobrevivem no nosso íntimo, indelevelmente impressos e gravados em nossa alma. Estão para sempre em nossos bancos de memória, subconscientes e supraconscientes, os gases inertes do Universo Elétrico.

Nossa alma gêmea não pertence ao mesmo sexo que nós. Em nenhuma parte da natureza há essa possibilidade. O grande ideal só está materializado na forma do sexo oposto, exercendo assim uma atração para que nos unamos com todo o nosso ser, com todo o nosso eu sagrado. Naturalmente, procuramos encontrar uma completa harmonia ou unidade com essa pessoa que é um reflexo exato do nosso próprio eu.

Sexo é sexo. Realmente, não importa se ocorre a união sexual entre um homem e uma mulher ou entre dois átomos ou dois sistemas solares. O relacionamento sexual exterior é apenas um reflexo da unidade interior de toda a vida. O movimento sexual é simplesmente o esforço ou o desejo natural de se unir a uma outra pessoa! Esse esforço visível da consciência em direção a alguma forma ideal de vida, grande ou pequena, constitui a busca eterna e a procura ativa do Eu Superior! No emocionante ato de fusão ou de nos tornarmos mais nós mesmos, através de qualquer ato natural de união, sentimos prazer. A separação, ou um decréscimo do eu, naturalmente é dolorosa e restritiva. Essa seleção natural e equilibrada de um ideal existe dentro de todas as dimensões e reinos da vida. Por isso, os pássaros conhecem os pássaros, os cães conhecem os cães e cada qual procura seu companheiro. Se os pássaros, as abelhas e a borboletas sabem como fazêlo, você também o sabe! Descubra qual é o seu desejo e vá atrás dele!

7

Onde procurar?

Onde está a outra parte de mim?
Olho para cima e para baixo.
Para onde, oh, para onde vou?

Nossos corações choram,
onde, oh, onde ela está.
Essa minha esquiva alma gêmea!
Aqui e ali,
no círculo e no quadrado.
Responde, ó Guardião do Tempo!

Em primeiro lugar, para ser uma alma gêmea, seu par deve ser encontrado no nível da alma. Uma vez estabelecido ali o contato, através do desejo, você pode começar a antecipar o contato físico ou no plano exterior. A mente está em toda parte; portanto, no ponto inicial do desejo, ele ou ela está ligado a você. A *intenção* temporal está estabelecida. O *evento* temporal deve seguir-se como seu destino.

Na nossa ignorância, concentramos a maior parte da nossa atenção no problema, em vez de nos concentrarmos na sua solução. Ao fazer isso, segundo a lei universal, o problema

Ellen
Chappelle

aumenta. A concentração é o que provoca a intensificação ou o aumento daquilo em que estamos nos concentrando. Onde, então, está a nossa concentração?

Relembrando nossas vidas, parece que procuramos nos quatro cantos da terra, com uma energia incessante e infinita, encontrar esse par perfeito que imaginamos. Onde está aquele rapaz ou aquela moça, aquele homem ou aquela mulher, que é o *objetivo real* de nossos sonhos e nós o deles? A maioria dos que procuram explorou apenas as três dimensões conhecidas ou os três cantos da terra. Alguns, desiludidos e desanimados com os malogros, desistiram da busca. Outros continuam se esforçando, persistentemente, avançando devagar. Os malogros ocorreram porque deixamos de olhar no quarto canto, a quarta dimensão da consciência.

Nessa quarta área encontra-se cuidadosamente escondida a fonte secreta e a causa de nosso constante anelo. Entretanto, nossa busca levou-nos através de um labirinto de trilhas, de um lado para outro, para a frente e para trás, passando por vários caminhos e encruzilhadas ou rodovias e atalhos da terra. A maior parte dessas jornadas não levou a parte alguma! Verificamos que cada trilha recém-descoberta terminava no cume da primeira colina ou perdia-se nas planícies da tristeza. Não importa; nossa busca sempre ansiosa, sempre ardente, aparentemente sem esperanças, prossegue. Essa pergunta eternamente persistente importuna e escarnece nossas mentes. Ele, ou ela, existe realmente?

Sim! Ele, ou ela, está esperando por você. Em alguma parte, há alguém que já está agora inteiramente entrelaçado com você, alguém com quem você sentirá torrentes de prazer arrebatador e júbilo quando seu desejo abrasar com intensidade suficiente para uni-los. Os semelhantes se atraem. Os opostos nunca se atraem. Essa é uma impossibilidade na natureza: os opostos só se opõem!

Esses quatro cantos, esses quatro pontos da natureza e do contato sexual — as naturezas física, mental, emocional e da alma — fundem-se ou multiplicam-se e dividem-se a partir de um quinto ponto, no qual preside o *espírito*. Daí, as muitas referências aos seres humanos como estrelas de cinco pontas.

Os três pontos de contato mais poderosos entre quaisquer entidades humanas são, respectivamente, entre espírito e espírito, entre alma e alma e entre personalidade e personalidade. A compatibilidade em qualquer um desses primeiros dois níveis mantém ou preserva um forte relacionamento. Como as personalidades são inconstantes, pode surgir a desunião e destruir rapidamente, em poucos instantes, o que parecia ser um bom relacionamento. O amor condicional facilmente se transforma em ódio através da ignorância. Cada uma dessas três áreas de contato sexual inferior — comunicação mental, emocional ou física — constitui laços mais frágeis ainda. O contato entre almas gêmeas é intensamente forte, mas parece ocorrer apenas quando esse par singular de indivíduos está na sua existência humana, quando ocorre a *ascensão*. Falaremos mais amplamente sobre isto num capítulo posterior.

Por ora, o que estamos querendo demonstrar aqui é que cada ponto adicional de contato sexual entre você e o seu igual aumenta o equilíbrio compartilhado e, portanto, o prazer e o júbilo sentido pelos dois. Em conseqüência, quando dois desses principais pontos sexuais estão alinhados entre almas gêmeas, a união ou o casamento destas será forte e duradouro. Elas uniram e, assim, duplicaram seus sentimentos de compatibilidade através do seu reflexo íntimo de semelhança. Você pode imaginar o puro êxtase que poderia ser sentido entre os pares se todos esses pontos de contato elétricos e magnéticos fossem equilibrados entre si? Isso seria o paraíso na terra!

É muito raro encontrar mais de um (e amiúde não se encontra nenhum) desses possíveis pontos de equilíbrio (ou união) alinhados entre "parceiros" de casamento durante nossa atual Era da Carnificina. Isso explica muito claramente por que os casamentos, sem uma base sólida de comunicação ou intercâmbio equilibrado, desmoronam rapidamente. Se, por outro lado, eles são mantidos numa aliança perversa, devido a exigências sociais ou a outras pressões mundanas, então esse pretenso casamento é um inferno vivo na terra! Os casamentos devem ser mantidos porque foi feito um pacto sagrado entre o Deus do seu ser e o Deus do ser do seu parceiro de casamento. Todos os votos são sagrados para a alma. Por essa razão, em todas as civilizações adiantadas, e não numa civilização tão degradada quanto a nossa, tem-se muita cautela para assegurar a seleção de um parceiro de casamento com o qual o outro parceiro se compromete por toda a vida! O único casamento verdadeiro que existe é o natural, baseado no amor, entre todos ou um dos pontos básicos de contato sexual entre você e seu par. Qualquer outra definição da Igreja ou do Estado é amiúde um insulto à nossa inteligência. Nenhum contrato no papel, contendo todas as palavras e promessas do mundo, poderá preservar o que foi unido no desconhecimento e decretado ou ordenado como um "casamento sagrado"! O casamento é sagrado porque você e seu par assim o fizeram. E ponto final.

O que é maravilhoso no novo conhecimento é que ele abre novas portas e novas possibilidades. Quando um povo instruído puder se tornar consciente desses lugares de encontros sexuais importantes ou secundários, as almas gêmeas saberão e procurarão apenas seus iguais e de novo os casamentos começarão a durar toda uma vida.

Uma vez sabendo o que estamos procurando, alcançaremos êxito. O não-conhecimento leva-nos em direção às mesmas e antigas peregrinações cegas no escuro. Do que se necessita é de uma direção inteligente, da luz clara do conhecimento para nos acompanhar no nosso caminho. O que então parecia ser uma longa trilha tortuosa, desenrolando-se no infinito, tornar-se-á muito mais curta quando descobrirmos e aplicarmos técnicas comprovadas de manifestação para nos ajudar no nosso caminho.

O sexo — uma mera palavra de quatro letras — contém um significado muito maior do que as mais fantásticas alturas, vastidões e extensões que possamos imaginar. Sem sexo, a forma física não existiria. Todo o nosso universo não existiria! Em toda a nossa aparentemente vasta realidade, apenas o sexo, ou a polaridade dupla, torna a existência possível. O sexo existe em cada plano e dimensão; há o sexo mental, o sexo emocional, bem como um sexo físico universal.

Não é insensato ser inteligentemente ordenado ou científico na busca emocional do seu igual, ou alma gêmea, especialmente quando você sabe como são inadequados os casamentos hoje. Meus casamentos terminaram por causa da minha ignorância. Agradeço a Deus, no mais alto dos céus e do mais profundo de meu ser, por conhecer o verdadeiro valor sagrado do meu casamento atual. Esses novos conhecimentos devem permitir que você entenda o fundamento lógico da aplicação de um pensamento cuidadoso, bem como de sentimentos, na busca do seu par ideal. Quando você souber o que quer e aonde deve ir, não poderá deixar de consegui-lo!

Olhe antes de saltar! A linda criatura que está diante de você pode ser maravilhosamente compatível em níveis físicos, mas demasiado fria e indiferente para você nos níveis mental e emocional, ou vice-versa. Você poderia se entender bem com uma pessoa num nível da personalidade, mas divergir dela quanto a um propósito da alma. Uma pessoa prudente aproveita todo o conhecimento possível para se assegurar de que vai evocar e alinhar-se com um par igual. Mantenha os dois olhos bem abertos! Elimine as emoções cegas e as racionalizações dos desejos, ou as ações que o mantêm girando em círculos. Contudo, procure e encontrará. Toda a procura, no entanto, *implica primeiro o conhecimento,* que equivale à inteligência ativa.

Ainda há muitas áreas ou planaltos da consciência desligados, intatos entre você e essa pessoa especial. Cabe a você descobrir e preencher essas lacunas com intercâmbios iguais e equilibrados. Sei que é possível ligar um nível a outro se o desejo, o caráter e a auto-estima forem bastante fortes.

O lugar mais óbvio para procurar sua alma gêmea é na esfera mais íntima da sua vida diária — no trabalho, no estudo ou no divertimento. Uma vez estabelecido o contato interior, forjado pelo seu firme desejo, todas as coisas exteriores que você fizer agirão magneticamente no sentido de atrair a pessoa amada. Seu igual ouvirá inevitavelmente o chamado e será atraído para a rede da sua ação, à medida que você prossegue nas suas tarefas diárias. Eu tive essa experiência, bem como a tiveram todos os que conheço e que hoje estão unidos às suas almas gêmeas. Encontramo-nos no momento mais inesperado. O encontro ocorreu enquanto estávamos cuidando diligentemente de nossa atividade e produtividade diária regular. *Ação produz ação!*

Enquanto você e eu estamos fazendo o que estamos habituados a fazer, temos uma boa possibilidade de nos juntar, na encruzilhada apropriada, à nossa alma gêmea, que também estará fazendo a mesma coisa. Através da atividade mútua, ao mesmo tempo e no mesmo lugar, deve emergir um encontro, uma fusão ou coesão entre sua alma gêmea e você. O esforço físico despendido para ir de um lado para o outro com a motivação irresistível de procurar a alma gêmea é pura perda de tempo! Na verdade, todos esses movimentos circulares inúteis adiam o seu encontro.

Nos círculos místicos, há um ditado oportuno: "A mente é a assassina do real." Estamos falando da mente elétrica, reflexiva, imitativa, que só parece estar pensando. Primeiro saiba, depois vá! Quando a mente concreta, física, faz planos que o podem levar a procurar de um lado para outro, você está fazendo o que *pensa* e não o que *sabe*. Em lugar de estar onde deveria, de acordo com o seu fluxo natural, você segue as ilusões artificiosas e sedutoras da mente. Você vai para cá e para lá procurando ansiosamente o lugar ou o momento em que poderia, de repente, encontrar a pessoa amada. Esse tipo de pensamento só o leva a trilhas falsas, e seu caminho natural fica para trás.

Quando seguimos a mente concreta, que naturalmente gira em círculos em torno de si mesma, perdemos temporariamente o contato com nossa alma ou eu inteligente. Ficamos então perdidos nos nossos sentidos, onde predominam a ilusão e as trevas. A mente imitativa nunca sabe qual deve ser o nosso próximo e melhor movimento, mas o espírito sempre sabe. Uma pessoa bem sintonizada age sem hesitação para fazer o que precisa ser feito em seguida. Geralmente, o sentimento correto ou a resposta correta é a que vem primeiro à consciência. Esse sentimento não está preso aos juízos da mente que lança dúvidas ou receios sobre a imagem. Isto só acontece depois que surge a primeira percepção ou idéia.

Quando fazemos o que sabemos que queremos fazer, estamos fazendo o que nos vem naturalmente. Ao mesmo tempo, se a nossa alma gêmea também deixou de seguir uma mente imitativa e dispersiva, e está ocupada com os seus afazeres, então ela convergirá normalmente para o nosso campo elétrico de consciência, ou vice-versa. As linhas convergentes de movimento acabam se encontrando.

Todo movimento vertical ou interior encontra seu caminho para o plano exterior numa linha direta descendente da Unidade para a Unidade, do espírito para o espírito, da alma para a alma, da personalidade para a personalidade, da mente para a mente, do sentimento para o sentimento e do ambiente físico para o ambiente físico similar convergente. É isso aí! Se algum desses iguais ou almas gêmeas se desvia ou "perde" a ligação nesta linha de descida natural do interior para o exterior, também perderá a ligação ou fusão com a contraparte. O livre-arbítrio sempre se imiscui.

Enquanto ainda estivermos dando voltas e mais voltas em círculos sem sentido e que não levam a parte alguma, são poucas as probabilidades de alinhamento ou contato entre almas iguais ou afins em níveis físicos. É sempre o ato de *ser você mesmo* que permite que sua alma assuma um controle tácito e calmo. Ela se torna, então, a sua influência orientadora constante e segura. Você é o que é em consciência, e isso é também o que é a sua alma gêmea. As qualidades que vocês dois têm em comum os atraem mutuamente, quer você seja a contraparte masculina ou feminina do outro.

Onde devo procurar? Como encontrar e saber qual é a minha alma gêmea? Estas são as perguntas que me são feitas com mais freqüência. Também já estiveram na minha mente. Só encontrei minha "única e verdadeira" companheira depois de estar conscientemente desperto e preparado para esse encontro. Mesmo assim, ele foi inesperado.

Se você fizer bem o seu trabalho, esteja certo de que Deus fará o dele. *Ele não o fará por você!* Esse magnífico encontro com a pessoa amada só pode ocorrer quando você tomar a decisão consciente de parar de "galinhar". No momento em que você souber, sem nenhuma dúvida ou receio, que está disposto a dar todo o seu amor e dedicar a sua vida ao seu ideal divino, ela ou ele surgirá na sua vida!

Enquanto eu escrevia este capítulo, um amigo íntimo e extraordinário pediu-me que o aconselhasse na busca de sua alma gêmea. Conhecendo-o bem, expliquei que ele deveria abandonar o seu vasto harém de beldades e deixar de "galinhar". Ele admitiu então que gostava mais de sua vida de variedades do que da idéia de um único ideal. Queria cortejar e possuir sua alma gêmea temporariamente. Ele me fez lembrar do "jovem rico" que, quando Sananda lhe disse, há 2000 anos, "Renuncia as tuas posses mundanas e segue-me", afastou-se tristemente. Ele estava por demais apegado às suas posses para renunciar a elas e, portanto, não era digno de entrar no reino dos céus.

O meu querido amigo não encontrará sua alma gêmea enquanto mantiver essa atitude. Ele queria uma alma gêmea "apenas por um ou dois meses", como afirmou. O eu interior é constante e progressivo. Ele não é volúvel, nem se deixa interessar ou atrair por coisas passageiras.

Um indício quase seguro de que sua alma está começando a ter uma influência suprema sobre você é quando ela desperta em você um repentino e novo senso de responsabilidade e envolvimento em ideais mais elevados e nobres. Não que o meu amigo não tenha sentimentos. Evidentemente, ele não tem uma alma gêmea, mas tem uma grande dose de puro encanto humano e força de alma em quase todas as outras áreas. No momento, seu *alter ego*, ou personalidade, está intencionalmente bloqueando a força de alma necessária para fazer com que sua alma gêmea lhe apareça na vida. Quando ele decidir e estiver pronto para viver com alegria uma vida de compromisso total em monogamia com seu próprio e grande ideal, ela aparecerá.

Por enquanto, meu amigo admite, candidamente, que seus constantes casos sexuais, fisicamente envolventes, são quase de todo destituídos de amor, durante ou após o ato sexual. Ele admite também que suas namoradas satisfazem, convenientemente, suas necessidades carnais como válvulas de escape para sua sensualidade. Ele sabe que os sentimentos mais profundos e divinos, que satisfazem a alma, pelos quais anseia, estão ausentes desses relacionamentos. E observa que, nesta altura da vida, ele prefere contentar-se com suas posses materiais, ou apegar-se a elas, em grande detrimento de uma angustiada fome espiritual que continua insatisfeita.

Pergunte-se agora se está realmente preparado para a sua alma gêmea. Assegure-se de que estará dando a si mesmo uma resposta verdadeira! Você é o tipo de pessoa que desejaria encontrar saindo de uma porta na sua direção? Você é alguém que sua contraparte amada amará e respeitará instantaneamente? Se não está preparado para um igual ou se é incapaz de se estimar, a porta entre você e alguém que deseja conhecer num nível da alma permanecerá firmemente fechada. Essa porta só poderá ser aberta do lado de dentro, por você mesmo!

Na verdade, sua alma gêmea é uma colaboradora do sexo oposto que pode ajudá-*lo* a encontrar equilíbrio e satisfação. Ela, ou ele, é um perfeito espelho. Seus outros relacionamentos acabarão por desaparecer. Só o divino laço humano encontrado no nível da alma se mantém e resiste na enfermidade e na saúde, na prosperidade e na adversidade. Isso é um verdadeiro casamento!

Em resumo, a quarta dimensão guarda a chave da nossa busca de uma alma gêmea. Os pares físicos estão num nível físico. Os pares emocionais estão num nível emocional, mas as almas gêmeas estão e se unem como almas extasiadas, criativas, em evolução e vivas. De que modo você, ou qualquer outra pessoa, poderia esperar encontrar uma alma gêmea num grau inferior de vida? Só seus pensamentos e sentimentos mais elevados e suas ações vivas podem atingir e induzir a alma de um igual a uma reação recíproca e equilibrada. Que você se eleve e toque agora mesmo os altos pináculos do seu interior, pois esse é o lugar em que a pessoa amada aparecerá!

Ellen Chappelle Pietsch

8

A lei da atração magnética

Sob as alturas dos céus,
ou nas profundezas das águas,
queimando com o fogo do desejo,
vem, vem a mim.

O Universo Magnético é a causa de todos os efeitos duplos que vemos e experimentamos no nosso Universo Elétrico tridimensional. Sua alma gêmea é atraída para você porque ambos irradiam as mesmas qualidades magnéticas. Os semelhantes sempre se procuram; do contrário, um punhado de areia jamais poderia se acumular. Aquele que é como você é naturalmente atraído para você, e vice-versa. Essa força de atração guiará sua alma gêmea até você ou o levará até essa pessoa, em algum ponto ou tempo no espaço, assim como os grãos de areia encontraram sua afinidade.

A própria natureza da consciência fornece um elo interior entre nós e os outros eus passados ou presentes relacionados conosco. Todos os dias, cada vez mais pessoas estão começando a perceber que os pensamentos estão carregados de força. Literalmente, criamos cada ambiente que nossa consciência percebe diante de nós. Há uma forte e tremenda energia em cada pensamento em que nos concentramos no nosso campo de força ou aura. Eventualmente, transformamo-nos no que pensamos e fazemos. Nossa força de alma, ou espírito, a fonte de nossos pensamentos, tem um poder infinito para transformar nossas condições de vida de melhor para melhor ou pior. Um único pensamento tem força suficiente para mudar a química de nosso corpo físico de alcalina para ácida e provocar uma doença fatal. Essa força sempre foi inata e quase totalmente desconhecida ou ignorada por nós. É tempo de despertar!

Num capítulo anterior, revelei minhas experiências pessoais com Bonnie, quando a força de minha alma me pôs, fisicamente, em justaposição com certos acontecimentos do plano exterior, que haviam sido predeterminados e previstos, dez anos antes, pela minha mente consciente. Meu corpo físico foi controlado e colocado no lugar e no momento exatos, para que pudesse encontrar o destino daquela experiência muito surpreendente, tal como minha alma, há uma década, anunciara à minha mente!

Nossas almas são onipotentes no que diz respeito ao controle de qualquer divisão da tríplice personalidade. Sua mente poderosa está atrás de sua alma e com ela. Quando, no íntimo de sua alma, você tiver certeza de que está ansiosamente pronto para se encontrar fisicamente com sua alma gêmea, então, em alguma parte, de alguma maneira e em algum momento no plano físico, você conseguirá. Se ele ou ela não estiver ainda bem preparado para estabelecer uma ligação física exterior com você, sua determinação ardente e concentrada poderá ajudar a acelerar o processo. Na verdade, o fogo da mente queima todos os obstáculos que existem entre você e seus entes queridos.

Associado à mente, não há nada neste mundo tão forte e poderoso quanto o desejo emocional, alimentado pela chama do amor mais elevado e da inspiração. Quando todo o seu ser anseia e deseja estar com aquele igual que o espera com impaciência, a possibilidade de você ter esse encontro glorioso adquire um poder ilimitado. Do mesmo modo que meu querido amigo, também você deve afastar sua mente das inúmeras pessoas que você vê por aí e concentrar-se apenas em uma. Você é capaz de fazer isso? Se for capaz, a lei funcionará para você e sua alma gêmea será atraída para a sua presença viva.

Cada átomo, cada partícula, cada ponto, grande ou pequeno, de consciência, é governado pela lei. Aprendemos sobre algumas dessas leis na escola. Os seres humanos formularam ou elaboraram certas leis em fórmulas. Elas governam nossas vidas — embora limitadas e às vezes injustas, governam a física, a química, a matemática, a ótica e outras ciências da estrutura ou da forma —, apesar de muitas serem falsas.

Como todas as coisas precisam ter uma fonte de "entrada" na existência física, de onde vêm essas leis? Todas elas emergem na nossa consciência através da mente, começando como idéias. Se formuladas corretamente, essas leis então são estabelecidas sob a categoria adequada. São leis porque se pode demonstrar que produzem infinitamente os mesmos resultados sob as mesmas ações. Muitas mentes humanas se juntaram para produzir cada uma dessas vastas e complexas leis da ciência. Mas essas leis se baseiam nas ilusões dos sentidos e, com o passar dos anos, têm mantido as pessoas na ignorância.

Por outro lado, umas poucas mentes curiosas descobriram algumas leis específicas, exatas e imutáveis da Natureza, que se aplicam à menor partícula ou ao vasto universo. Em outros planetas, há milhões de anos, essas leis já eram conhecidas e foram levadas para planetas habitados por seres humanos, como a nossa Terra. A ciência transcendeu a forma, embora por natureza incluísse toda a estrutura. Esses cientistas da vida, místicos, santos, sábios ou videntes, fizeram todos os esforços para informar as massas sobre essas leis. Com freqüência, elas foram chamadas de mistérios ou de ciência da vida. A lei do Universo Magnético é a principal lei universal e específica da vida.

O conhecimento e a aplicação dessas leis podem lhe permitir, ou a qualquer outro homem ou mulher, concentrar-se conscientemente e atrair uma alma gêmea. No Universo Magnético, existe apenas a unidade. Todos os pontos no espaço são simultâneos![3]

Suponhamos, de acordo com teorias atuais, que os opostos se atraiam; por essa razão, diz-se que uma mulher é atraída por um homem e vice-versa. Não. Decididamente, não. Os opostos só se opõem. Entretanto, os semelhantes são sempre atraídos pelos semelhantes. Apreciamos os que pensam e sentem como pensamos e sentimos, e temos aversão pelos que não o fazem. "Os pássaros da mesma espécie voam juntos." O antigo axioma abrange muito bem esse aspecto da lei da atração. Sua alma gêmea é como você. Ele, ou ela, tem um certo tom, acorde ou nota que faz ressoar a mesma tecla na sua consciência.

Onde está ele, ou ela, neste momento? A apenas um pensamento de distância! Ele, ou ela, também está procurando caminhos e meios para estar ao seu lado. Por obra da lei da atração magnética será acelerado esse momento elétrico em que

---

3. Os leitores interessados em mais informações sobre essas teorias poderão consultar os *Pleiadian Documents*, publicados pela America West Publishers, PO Box 986, Tehachapi, CA 93581. Na opinião do autor, eles representam o maior acervo de conhecimentos científicos reunidos na Terra. Com o título de *The Pleiades Connection*, a obra compõe-se de oito volumes. Escreva solicitando uma lista de preços. Peça também um exemplar gratuito de seu boletim semanal, *The Phoenix Liberator*.

vocês se olharão nos olhos e mergulharão jubilosamente na alma um do outro, sabendo, reconhecendo e exaltando o fato de que ambos estão finalmente juntos como uma só pessoa.

Jamais subestime o grande valor de *conhecer* e depois trabalhar com as poderosas leis da natureza. Cada uma dessas leis é contínua e imutável. Uma lei pode ser usada para reforçar ou compensar outra. A lei da gravidade tem-nos mantido ligados à terra por muito tempo; no entanto, conhecendo e aplicando a lei da aerodinâmica, hoje em dia percorremos o ar mais depressa do que qualquer ave. Essa importante lei da aerodinâmica sempre existiu na natureza, esperando pacientemente que a percebêssemos e a usássemos, tornando-a para sempre uma parte da ciência da vida. Entretanto, só quando foi conhecida e produzida pela mente na existência tridimensional, bem como reunida numa fórmula específica, na forma de ciência da qual faz parte, e depois aplicada, é que foram criados os aviões, os foguetes, as espaçonaves e outros veículos aéreos.

Essas poderosas leis sempre existiram. Nosso governo mundial interior e secreto não só as conhece, mas as está usando para controlar nossas vidas. As leis podem ser utilizadas para construir ou destruir. A vida de toda a humanidade, neste momento, está em perigo por causa de seu uso inadequado.

O conhecimento de certas leis pode ser utilizado para acelerar o encontro físico com a sua alma gêmea. A seguinte lei, muito importante e básica, pode ser usada por qualquer um: *a energia acompanha o pensamento.* Toda a energia vem do Universo Magnético através do pensamento. A energia garante o crescimento de uma pessoa ou de uma idéia. Nenhuma energia é igual à morte.

Se você quer atrair sua alma gêmea, o processo a ser usado pode ser comparado a estar perdido num deserto e acender uma fogueira para atrair a atenção de outros seres humanos. Quanto mais energia ou combustível você acrescentar à fogueira, maiores serão as chamas e a fumaça, até que possam ser vistas a quilômetros de distância, podendo atrair outro par de olhos humanos para ajudá-lo no seu apuro. Pelo mesmo processo, quando o fogo do desejo aumenta na sua mente e na sua alma, maior será a probabilidade de atrair o objeto do seu desejo, à medida que este se torna radiantemente intenso. Há uma relação direta entre a velocidade com que qualquer idéia ou desejo se concretiza e a intensidade nele contida!

A pressão elétrica que o faz ser quente ou frio torna-o atraente ou repulsivo. Essas atitudes ou polaridades são igualmente eficientes para atrair alguém até você ou para afastá-lo ainda mais. O tempo ou a distância não importa, pois a disposição do Universo Magnético anula o tempo e o espaço. Se você não se importa se sua alma gêmea vai aparecer ou não, a própria frieza da sua atitude mantém-na afastada a uma distância segura de você e do seu sinal. Por outro lado, ao fornecer energia à idéia de estar com uma pessoa especial que seja sua igual, você cria realmente uma trilha viva de consciência entre você e essa alma humana singular que tanto satisfaz suas inclinações pela essência masculina ou feminina! É importante saber que a energia acompanha o pensamento. Agora você sabe como acelerar o que deseja. É simples. A técnica consiste em fornecer mais pensamento concentrado e, assim, mais desejo convergente ou sentimento energético àquilo que você quer.

Quando você intensifica ou concentra a energia na sua alma gêmea, a lei da Atração Magnética começa imediatamente a cooperar com você para tornar seu sonho uma realidade. Não importa o lugar onde se encontra na terra o ser amado. Ele reagirá e responderá, automaticamente, ao seu novo estado de consciência e avançará, fisicamente, na sua direção. Você abriu a porta que o separa do ser amado, e, num dia jubiloso, ele a atravessará para entrar na sua vida. Uma porta aberta na consciência abre portas tridimensionalmente equivalentes.

Uma outra lei pertinente à Ciência da Vida afirma que *a forma deve se adaptar à consciência.* Por essa razão, as expressões que ouvimos, tais como "consciência de pobreza" ou "consciência de prosperidade", são muito válidas. Cada um desses dois opostos em que você ou eu vivemos, durante a maior parte do tempo em que estamos acordados, reproduz fielmente esse estado, num nível físico, em nossas vidas. A forma deve se adaptar à consciência. Essa é a lei!

A pergunta mais importante agora é: você quer realmente estar com uma alma gêmea o quanto antes? Se a resposta for sim, então torne seu desejo uma realidade dentro da estrutura de tempo que você mesmo escolher. O tempo é seu; a escolha é sua. Em vez de ser guiado e tolhido por padrões limitados existentes, você muda o futuro de acordo com o que a sua própria intervenção divina escolheu e, portanto, determinou!

A lei funciona quando você a pratica. Se você quer sentir sua alma gêmea num nível que não seja apenas mental, emocional ou físico, deve especificar claramente o seu objetivo. Seu foco concentrado estabelece então um resultado físico. Do contrário, seu desejo permanece no plano mental e só tem efeito nas suas fantasias ou sonhos, quando você está dormindo. O ponto de partida para um resultado físico glorioso e significativo está em você. Todos os métodos para consegui-lo estão indicados neste livro. Que tipo de mulher ou homem você está exatamente procurando? O que está fazendo a respeito? Anote agora seus pensamentos por escrito. Você tem coisas melhores para fazer? Desejo-lhe uma boa viagem no seu caminho aventuroso!

9

Como preparar uma auto-imagem receptiva

Onde está o meu outro eu?
Eu continuo procurando.
Aonde fui?

Dependendo do estado de sua atual auto-imagem, este poderá ser o capítulo mais importante deste livro. A imagem que você tem de si mesmo determina seu êxito ou malogro em tudo. Reflita por um instante. O que você realmente pensa sobre si mesmo? *Você gosta de você?* Você é capaz de pensar em si mesmo como alguém que alcança êxito em todos ou em quase todos os objetivos, ou a idéia de que não o pode fazer domina seus pensamentos conscientes? Cada mulher ou homem que consegue introduzir uma alma gêmea na sua vida é uma pessoa com uma boa imagem de si mesma. Esse tipo de pessoa também é ativo. Ela, ou ele, é um "realizador", uma pessoa que influencia os desejos fazendo-os tornar-se realidade.

Se você aceitou uma idéia de inferioridade com relação à sua aparência, a seus talentos ou à sua habilidade de fazer e manter amigos ou alcançar êxito, é melhor fazer uma pausa e repensar a sua posição. Tenha a certeza de que, sob vários aspectos, você é extraordinário. Você é diferente. Não há nenhuma outra pessoa no mundo exatamente igual a você. Você tem talentos inatos e novas abordagens da realidade que ninguém mais pode igualar!

Saiba que cada alma em forma humana é divina. Algumas almas humanas revelam mais claramente do que outras o fulgor de sua identidade e divindade; é o tempo e a época dessas almas. Os seus estão apenas a um pensamento e a um gesto de distância!

Trata-se de um truísmo infinito — você não tem limitações, a não ser que as tenha aceito e, assim, as tenha imposto a si mesmo. A mesma verdade se aplica a mim e a todos os outros seres humanos em qualquer parte e em qualquer universo. Suas crenças ajudam a criar qualquer realidade aparente experimentada por você. Não há exceções. Esta também é uma das leis universais da natureza, agindo constantemente dentro de todos nós.

Você conhece realmente as crenças que mantém ocultas no seu íntimo? Muito poucos em forma humana o sabem! Uma vez examinadas e descartadas as falsas crenças que mantemos sobre nós mesmos e a realidade que nos rodeia, nossas limitações desaparecerão. A verdade nos faz livres!

Enfrente e esqueça aquilo em que por tanto tempo você acreditou falsamente. Espere e, um dia, muito em breve, você saberá que pode captar e usar o poder de todo o universo para transformar seus sonhos em realidade. Todo o conhecimento e poder estão livremente à disposição de qualquer Eu fragmentado do Eu. Deus está agindo em você agora! Só através de Deus você vive, age e tem o seu ser. A terra e todos os outros mundos podem vir e ir trilhões de vezes, mas você sempre será! Você está no seu centro mais do que qualquer outra parte da realidade; você é *toda* ela. Você é supremo sobre todas as coisas. Você pode ocupar o lugar em seu centro, moldar e recriar mundos; por que, então, aceita uma crença que lhe promete menos?

O poder de um único pensamento é imenso. Sua crença é bastante forte para fazer seus mundos aparecerem e desaparecerem! É uma pena que qualquer crença falsa de limitação também faça exatamente a mesma coisa. Ela limita você, que é o portador desse pensamento.

Numa realidade tridimensional limitada, uma crença falsa é tão poderosa quanto uma crença verdadeira. Entretanto, no momento em que você deixa de dar o seu poder — ou seja, a sua energia vital ou concentração — a uma crença falsa, esta cessa de ter poder sobre você ou sobre suas questões mundanas. A energia acompanha o pensamento, de forma que aquilo a que você der vida vive dentro de você e do seu mundo. Por outro lado, aquilo a que você deixa de dar vida deve morrer e desaparecer da sua realidade consciente e do seu mundo.

Neste majestoso universo, cada ser humano recebeu o dom singular do livre-arbítrio. Trata-se de um dom incrivelmente divino, pois nos torna co-criadores com Deus. Por causa do livre-arbítrio, cada um de nós pode viver no tipo de mundo que escolheu para viver. É unicamente minha crença ou inteligência que produz meus pensamentos e seus peculiares sentimentos, limitados ou ilimitados; que produz o meu corpo físico autocriado, limitado ou ilimitado, bem como o mundo físico autocriado, limitado ou ilimitado, em que me encontro. O mesmo se aplica a você. Você cria a sua atitude, o seu corpo, o seu mundo, para o bem, para o não muito bem ou para o pior.

Por que as crenças têm tanta força? Porque derivam de idéias e pensamentos que são a origem primária de cada realidade que somos capazes de conhecer e de experimentar. Uma crença se une a uma realidade tridimensional a partir de qualquer um dos extremos da sua dualidade. Um extremo, ou uma face, polariza-se em fé ou conhecimento, enquanto a outra face desse par de opostos é a face do medo ou da dúvida!

Qualquer um desses dois estados de consciência igualmente elétricos é capaz de mover e de mudar o seu mundo. O medo é tão poderoso quanto a fé. Qualquer um desses estados causa uma construção ou uma destruição equivalente.

Lembre-se de que a energia acompanha o pensamento. Cuidado com o que você teme, pois o medo pode introduzir-se na sua realidade! Sabendo disso, não é nossa obrigação deixar de fornecer nossa preciosa energia vital a antigos hábitos de apoio a temores tolos?

Deus concedeu-nos o inestimável dom do livre-arbítrio. Quando você conhece a diferença entre as duas faces da fé e do medo, você optaria por continuar medroso? Nossa concentração merece estar numa mente aberta, não fechada, em pensamentos e sentimentos bons e produtivos, e não em temores e dúvidas autodestrutivos, incômodos e importunos.

Pare de brigar com você mesmo! Não se obtém a paz pelo ódio à guerra. Isso só acrescenta mais ódio à vida. A paz é conseguida pelo amor à paz. Erga-se diante do terrível espelho da sua consciência. Decrete que você não é fraco! Você não é inferior! Você não é inadequado! Todas essas falsas crenças devem ser deixadas para trás. Além disso, não lhes dê mais energia ao negá-las. Entenda simplesmente que foram suposições falsas alimentadas a seu respeito no passado. Essas experiências negativas pertencem exclusivamente ao passado. Agora você já sabe. Deixe que sirvam apenas de lições valiosas. Não lamente o que fez no passado por ignorância ou inocência. A lição é: não o faça de novo! Em lugar disso, agradeça por estar mais bem informado agora.

Se você acredita firmemente que é um perdedor, uma pessoa fraca e, de alguma forma, inferior ou inadequada, isso se refletirá nas suas experiências práticas. Você aprendeu, ou está aprendendo agora, através da experiência, que suas crenças — verdadeiras ou falsas — têm grande poder. Por que, então, você não faz um pacto com você mesmo agora? Analise cada crença que já teve ou está tendo atualmente, bem como todas essas novas crenças que estão aparecendo no seu caminho. Se fizer isso, utilizando para se orientar a razão que lhe foi concedida por Deus, você dominará e controlará o seu mundo. Você será o árbitro, o senhor do seu destino!

Lembre-se de que a sua mente é um recipiente. Lixo para dentro, lixo para fora! Livre-se do lixo antigo e não permita mais a entrada de qualquer outro lixo que, de alguma forma, o possa limitar. Sua auto-imagem é extremamente importante. Se você se ama realmente em primeiro lugar, também será capaz de amar os outros. Se não confiar em você mesmo, não confiará nos outros. Que escolha! Você experimenta aquilo que dá à vida.

Há uma última lei universal pertinente, relativa ao nosso tema atual de auto-imagem. Você recebe o que dá! A recíproca também é verdadeira. Você perde o que retém! Pense bem nisso. Se essas leis são verdadeiras, e eu sei que são, não seria prudente dar a você mesmo, não o que há de pior, mas o que há de melhor na vida? Por que se *endividar*, quando, com a mesma facilidade, você pode *creditar* a si mesmo em amor sublime, riqueza ilimitada, saúde magnífica, vitalidade estimulante e êxito pessoal constante?

Lembre-se de que há sempre certa "demora" entre um pensamento e a materialização dessa idéia. Portanto, por algum tempo, olhe além do mundo da aparência. A lei sempre prevalece, a forma deve se adaptar à consciência. No devido tempo, o antigo e agora indesejável estado do seu falso ser desaparecerá. Seu *novo eu*, com conhecimentos e enfoques diferentes, erguer-se-á triunfante e vitorioso sobre tudo! Sua nova auto-imagem vai-lhe permitir agora ser um deus, ou uma deusa, desperto na terra! Nada mais apropriado, na minha opinião, do que agradecer por isso.

Ellen

10

Técnicas de visualização

Qual parte de mim será desvelada em ti para tornar real o meu sonho terrestre?

Todo professor sábio envolvido no treinamento de pessoas para alcançar êxito na vida tornará seus alunos conscientes do papel vital que a visualização representa para que uma meta se torne realidade. Uma imagem vale mais do que mil palavras! A visualização significa que usamos a imaginação profunda, a fantástica faculdade que nossa mente tem de formar imagens para criar algo novo na nossa vida. Através da arte da visualização, levamos nossa consciência além dos limites do tempo presente. Olhamos para a frente e vemos o fim a partir do começo. Temos uma imagem mental nítida dos resultados finais que almejamos. Jamais nos afastamos desse alvo. Agindo assim, somos capazes de chegar a um ponto no futuro e descobrir que a imagem que concebemos transformou-se numa realidade em plena floração!

O poder da sua mente, ou de qualquer mente, é tão incrível que desafia qualquer crença. Podemos tornar realidade tudo o que imaginamos. Napoleon Hill popularizou esta idéia quando formulou a frase: "Podemos conseguir tudo aquilo que podemos conceber e em que podemos acreditar!"

No passado, viajei muito e fiz muitas conferências sobre como transformar sonhos em realidade. Em certa ocasião, contei a meus ouvintes, numa pequena igreja em Tampa, na Flórida, como um homem e sua mulher haviam conseguido um conjunto de apartamentos de dois andares sem gastar um só centavo.

Entre meus ouvintes, encontrava-se uma família extremamente pobre, uma mãe e cinco filhos que, com a minha permissão, entrou gratuitamente. Expliquei aos meus ouvintes de fim de semana, em número bastante elevado, que eu também me livrava de uma pobreza abjeta através das mesmas técnicas de visualização. Em seis meses, começando do zero, cheguei a possuir uma casa, um Cadillac e uma renda mensal bem acima da média. A mãe e os filhos ouviram com uma mente aberta e uma determinação comum de fazer o mesmo. Numa das pausas da minha conferência, a mãe chamou-me de lado e disse-me que ela e seus filhos iriam manifestar uma casa para eles dentro de uma semana! Fiquei admirado com sua fé, mas não a desanimei de sua decisão. Ao contrário, concordei, dizendo-lhe que, se todos se juntassem completamente nessa crença, alcançariam êxito.

Uma semana depois, eu estava sentado no chão da nova casa da família. Um espaguete havia sido preparado para o jantar em minha honra pela filha mais velha. Era a sua maneira de me agradecer por ter-lhes mostrado e inspirado a tornar-se uma realidade o seu doce sonho.

Eles não tinham mobília e sentamo-nos todos no chão, com os pratos no colo ou entre os joelhos. Eles já tinham a casa e o terreno. A casa era exatamente como haviam imaginado juntos uma semana antes. Através de uma seqüência vertiginosa de acontecimentos estranhos, porém significativos, a casa e o terreno foram-lhes generosamente doados, sem nenhuma condição! A doação foi feita em nome da mãe e do filho mais velho, que tinha 17 anos.

Lembro-me que, durante meu seminário, o membro mais jovem da família, que só tinha sete anos, era quem fazia mais perguntas. Essa família simples ouviu, perguntou e humildemente aceitou e aplicou os princípios básicos da visualização e da manifestação que lhe haviam sido revelados. O importante aqui é que *puseram imediatamente em prática os novos conhecimentos adquiridos!* Eis onde essa extraordinária família difere consideravelmente do indivíduo ou grupo médio. Em lugar de pôr os novos conhecimentos na gaveta, aplicaram-nos à vida. Demonstraram que saber e fazer são duas coisas diferentes!

Muitos dentre nós sabemos, mas quantos o fazemos? Quantas pessoas estão hoje *sendo* os seus conhecimentos, ou seja, vivendo-os? Apenas um punhado. Entretanto, um pouco de conhecimento é de grande utilidade, pois o conhecimento é poder, mas só quando usado.

Uma prática de visualização

1) Concentre-se no seu íntimo e forme a imagem física mais nítida possível da pessoa especial que é ideal para você. Veja claramente a cor dos olhos e dos cabelos, o tamanho, a forma, as características da personalidade e tudo o mais que você possa pensar ou conceber como uma qualidade ou essência importante em sua alma gêmea. Torne-a o melhor que puder imaginar. Não faça concessões. Você só ficará realmente satisfeito com alguém que preencha suas exigências. Não hesite em ver o máximo nessa pessoa. Na verdade, se você pode imaginar essa pessoa, ela existe! Nunca ache que está exigindo demais da pessoa que você ama. Afinal, ela é sua igual!

2) Pense com amor e carinho nessa pessoa durante cinco a dez minutos por dia, sempre na mesma hora, se possível. Em seguida, desvie a atenção e volte às suas responsabilidades diárias. Aqui é onde falha a maioria das pessoas. É imperativo que você corte a ligação entre você e a forma de pensamento que enviou para o universo. Do contrário, ela permanecerá girando no seu corpo mental, tornando-se uma idéia fixa ou uma obsessão que o possuirá. Quando uma criança nasce, o cordão umbilical que a liga à mãe é cortado. A criança prossegue então para criar o que está no seu ser. Assegure-se de fazer a mesma coisa com o filho do seu pensamento. Isso permitirá que ele saia para o mundo e faça contato com aquela alma que é a exata contraparte dessa forma de pensamento. Do contrário, você jamais poderia ter sido capaz de evocar ou conceber essas características específicas e únicas que compõem sua alma gêmea.

3) Diga mentalmente a essa pessoa amada, durante sua "irradiação" de cinco a dez minutos: o seu nome, a cidade e o país em que você vive e tudo o que seja pertinente e que você quer que ela saiba a seu respeito. Esse pensamento, dirigido à sua alma gêmea, atuará telepaticamente e será "captado" por ela em algum nível ou grau. Esteja certo de que *isso acontece* quando você estiver pensando nela.

4) Diga à sua alma gêmea o mês, a semana, o dia ou o ano em que espera que ela chegue fisicamente na sua vida.

5) Sinta-se em vívida associação com essa alma gêmea de todas as maneiras que puder imaginar *em cores vivas!* Veja-se apresentando-a a seus parentes ou amigos. Veja-se sentado e jantando com ela no seu restaurante favorito ou dando um passeio romântico ao lado dela num parque ou no campo.

Veja-se trabalhando com ela num projeto comercial ou num sonho predileto ainda não realizado. Ponha todo o fervor emocional e toda a coloração da fantasia que puder nessas associações de imagens que, em breve, se tornarão realidades.

6) Termine cada sessão em comunhão com ela, agradecendo. Afirme que o que você visualizou mentalmente já é uma realidade nos planos interiores. Trata-se apenas de uma questão de tempo para que também essa pessoa seja uma realidade física.

7) Deus é a fonte de todos os dons. Diga a Deus como você devolverá, pessoalmente, esse dom de amor a outra pessoa. Isso pode ser realizado facilmente, compartilhando com outra pessoa as poderosas verdades que você usou para precipitar a entrada na sua vida desse "alguém especial", sedutor e encantador.

• • •

Siga cuidadosamente esses métodos de visualização todos os dias e, em breve, alcançará os resultados desejados. Assegure-se de não estar insultando seu próprio senso de credibilidade. Se você pensa ou acha que é impossível que essa pessoa apareça na sua vida na hora ou no dia seguinte, não perca tempo com essa idéia. Isso representaria um grande obstáculo no seu caminho. Arranje tempo para pensar. Você perceberá qual é o momento em que mais possa acreditar. Depois, determine o que é crível, pense que isso vai acontecer e prossiga, no corredor do tempo, confiando totalmente nessa escolha. Saiba que ela estará com você no momento indicado ou escolhido.

A grande vantagem é que essa mesma técnica funciona para qualquer outra coisa que você queira criar. Assegure-se de que aquilo que deseja seja uma bênção para você e para todos aqueles que o seu desejo possa afetar. Não se concentre em conseguir algo de qualquer pessoa, instituição ou grupo específicos. Isso representa um uso errado desse poder e viola a lei do amor. A penalidade para isso é um grande sofrimento e dor a longo prazo, pois se trata de um ato de tirar sem qualquer pensamento de retribuição. Quando, por exemplo, você está precisando de 100 dólares, se visualizar uma pessoa específica dando-lhe o dinheiro, você estará violando a lei. A maneira correta exige o mesmo tipo e a mesma dose de esforço. Simplesmente peça, e concentre-se em vê-lo em suas mãos, vindo de qualquer possibilidade infinita no universo. O estoque do universo não tem fim e está armazenado com fartura onde quer que você possa imaginar. Você será inspirado a agir da maneira certa.

Quando você sabe que é um filho ou filha divino de Deus, é-lhe concedido imediatamente o uso de todas as riquezas e poder do universo. Há mais do que o suficiente para satisfazer os mais elevados sonhos de cada ser humano na Criação. O que ou quem você deseja virá do grande e infinito reservatório da vida eterna, que é ilimitado e se encontra além de qualquer tempo.

Você tem tanto direito de ser saudável, rico, poderoso e bem-sucedido como qualquer outra pessoa na Terra. No entanto, só você pode decidir, através de escolha, o quanto será rico ou pobre no que quer que seja. Deus nada nega a seus filhos. "Pedi e vos será dado." Que o seu pedido possa ser uma genuína bênção para você e para todos os envolvidos.

Uma última coisa extremamente importante que todos aqui na Terra devem saber é que, quando cultivamos a nossa consciência para torná-la doadora, estamos no fluxo de vida equilibrado. O que damos nos será devolvido com juros!

Quando cultivamos nossa consciência para ser recebedora, estamos em total oposição à lei do amor e do equilíbrio.

O que tomamos nos será tirado. Assim sendo, perguntemo-nos e examinemos cuidadosamente a resposta. Observando de fato o nosso ser consciente, somos um doador ou um recebedor?

A lei do amor é simples. O que Deus lhe dá, você deve tornar a dar a uma outra pessoa. O que você está disposto a dar em troca do que lhe é dado? Esta lei de retribuição faz o mundo girar. Assegure-se de conhecer e compreender essa lei e de praticar interações *iguais e equilibradas* com a sua alma gêmea, pois então o seu relacionamento será duradouro.

Espero que a alma gêmea que você deseja chegue em breve à sua vida! Espero que você lhe dê uma grande alegria e que ela a devolva a você! Eu sou, pois quero ser, o seu querido amigo. Assim seja!

11

O poder da auto-sugestão

Ele ou ela vive nas profundezas da sua memória.
Quando você despertar,
Romperá a aurora do conhecimento.

O instrumento mais poderoso de que dispõe qualquer ser humano aqui na Terra é o simples ato da auto-sugestão. Quer o queiramos ou não, o nosso subconsciente é muito mais forte do que a nossa mente consciente. O único poder maior é a nossa mente supraconsciente, que transcende a massa física. Enquanto não desviamos o nosso enfoque consciente da auto-identidade limitada e não sabemos que estamos inteiramente unidos com Deus, o segundo melhor instrumento para dar impulso à nossa evolução é o uso do nosso subconsciente. Isto significa que, em lugar de sermos dominados e dirigidos pelo nosso ser subconsciente, a situação deve ser totalmente invertida. Ele deve se tornar o nosso servo, enquanto a nossa mente se torna o senhor que o comanda. Este é o momento de usá-lo com sensatez, em lugar de sermos usados por ele — especialmente porque sua exata função é a de nos servir, e não nós a ele!

Há uma grande quantidade de informações erradas e amiúde muito medo com relação ao uso desse poder de sugestão. Isso é intencional, pois os que manipulam e controlam a sua vida, bem como a vida de todos na Terra, através da submissão aos chamados padrões "normais" de consciência social, lançam mão da confusão para fazê-lo. Se você não sabe no que ou em quem acreditar, então você está efetivamente neutralizado e apenas segue o padrão programado.

O *cérebro* não pensa. Ele não passa de um computador mecânico, no nível físico, capaz de processar tão-somente aquilo que é colocado nele. Num outro salto ou nível quântico, "acima" dele, sua *alma* não pensa. Ela também é um gás quimicamente neutro e só registra ou grava toda experiência que você enfrenta eternamente. Como o cérebro, a alma foi criada para servir a mente consciente humana, para fazer escolhas que levem a essa experiência escolhida. Desde o nascimento, e mesmo antes dele, a programação já foi iniciada e prossegue. A alma, ou subconsciente, registra todas as experiências previamente escolhidas por você durante todas as suas manifestações de vida humana anteriores. Enquanto a criança está no útero, todos os pensamentos, sentimentos e experiências dos pais e do ambiente são transmitidas a ela.

Depois do nascimento, a programação continua a cada momento, à medida que dados emocionais fracos e fortes são fielmente gravados. Literalmente, é o sistema de programas que determina os limites do que você é capaz de processar no mundo tridimensional. À medida que passam os dias, as semanas, os meses e os anos, quase todos esses programas muito eficazes são conscientemente esquecidos; entretanto, a potência da sua capacidade de dominar a vida continua inalterada. Um programa despertado — através de associação — pode surgir na sua mente consciente e insistir afirmando que "você não pode", e isto se baseia na programação antiga ou da infância. Cabe sempre à alma gerar suas escolhas, desejos ou vontades, bons ou maus, pois ela não pode julgar. Ela nunca diferencia, nem compreende que um sinal negativo está incluso no comando que afirma: "não seja ignorante." Ela só pode usar e registrar as duas últimas palavras desse comando, que lhe dizem "seja ignorante". Por essa razão, você precisa compreender a si mesmo, compreender por que e o que é o seu eu-Deus em cada nível da sua frágil expressão humana. Ignorância gera ignorância; sabedoria gera sabedoria.

Se você refletir sobre o amplo significado dessa informação, compreenderá que os estudiosos inteligentes da vida usam essa eficiente técnica de auto-sugestão para elevar e orientar suas expressões de vida. Através da auto-sugestão, o grande reservatório de energia que você comanda para seu uso é ilimitado! Pense nisso por um momento. Quando um laborioso mineiro amontoa cinqüenta toneladas de carvão em carrinhos, de onde vem essa energia? Sem dúvida, ela não vem do corpo! Vem da mente, que é a fonte de toda a energia, expressa através do desejo. Se você calcular a quantidade de alimento consumido por esse mineiro e transformá-la em unidades de energia, mal poderia obter cinqüenta libras de força. A energia para erguer cinqüenta toneladas de terra vem da mente do trabalhador que acredita que pode retirar essa quantidade de carvão por dia. Trata-se de um milagre maravilhoso, inteiramente não reconhecido pela nossa comunidade científica! Isso é inexplicável pela nossa ciência empírica. Os sentidos que registram as percepções são os maiores enganadores que temos, pois só vêem metade do movimento. O movimento simultâneo, igual e inverso de *recuar no tempo* não é registrado conscientemente. Se o fosse, então o movimento seria totalmente neutralizado numa posição de *universo zero.* Não poderia, nesse caso, haver movimento, mas apenas a eterna imobilidade ou silêncio, do qual surgem, aparentemente, ondas infinitas de movimento e som para formar imagens ordenadas da realidade.

Na grande unidade de todos os seres, sua alma tem fácil acesso a todo o conhecimento, poder e presença. Você não está limitado apenas às suas próprias experiências quando usa a mente para entrar em contato com alguma coisa, onde quer que possa imaginar. Por essa razão, você pode usar a auto-sugestão em ocasiões adequadamente conhecidas para introduzir a alma gêmea na sua vida. Ao mesmo tempo, esta sua imensa usina de força o está agora controlando, como faz com quase todos, mas pode ser rapidamente controlada. Você gostaria de andar a cavalo sem conhecer uma maneira de controlar a direção? É claro que não! Entretanto, o subconsciente é um milhão de vezes mais poderoso e descontrolado que qualquer cavalo desembestado. A melhor explicação de como e por que essa incrível mente subconsciente funciona é dada em pormenores no livro *The Pleiades Connection,* volume 5.[4]

Enquanto isso, as auto-sugestões mais eficientes são feitas quando sua mente consciente está adormecida ou posta de lado. Então, quando seu novo "programa" for registrado, com uma grande dose de desejo, e acompanhado de intensa emoção, você poderá controlar o seu destino. Você deu a ordem e, se esta não tiver sido previamente bloqueada pelo subconsciente, seu desejo será realizado. Você será "induzido" a dizer, a fazer, a pensar ou a saber certas coisas destinadas a alcançar esse objetivo.

E se a sua mente subconsciente já adotou uma forte crença ou limitação falsa com relação ao seu novo desejo? Nesse caso, é preciso fazer remontar seus pensamentos e sentimentos à origem da crença tão firmemente arraigada nas sombras do subconsciente. Quando você souber por que aceitou sem saber

4. Veja a nota 3, do capítulo 8, para maiores informações acerca dessa obra em oito volumes.

uma crença limitadora ou entregou seu poder de autoconvicção a outra autoridade exterior, ou simplesmente se iludiu a respeito dela, esse obstáculo desconhecido já não terá mais nenhum poder sobre você. Na verdade, será como se uma grande carga fosse psicologicamente tirada de seus ombros. Em seguida, conscientize-se da verdade da situação e sinta-se livre para prosseguir no seu caminho ilimitado. Se se lembrar de que todas as limitações humanas foram aceitas ou auto-impostas apenas por seres humanos, você não tolerará mais as limitações. Para que tolerá-las, quando o mundo inteiro é seu só porque você assim o quer e por ele avança com a ação inspirada e dada por Deus? Aceite a genuína dignidade do que e de quem você é. Caminhe com a cabeça erguida, sabendo que está em total associação com o maior e mais poderoso sócio do universo — o próprio Deus Onipotente! Nesta Era do Caráter que agora atravessamos, qualquer coisa inferior a isso está abaixo de sua dignidade. Use a auto-sugestão. Ela é a sua própria e divina porta, aberta para tudo o que existe!

Ellen
Chadwick
Pietsch

12

Só a prece sincera funciona

Veja o que o olho interior, iluminado por um coração ardente, em breve poderá revelar.

Por que algumas preces parecem ser atendidas e outras não? Há uma arte para se rezar? Na verdade, há! A prece não é o movimento de lábios vazios e de incansáveis súplicas a Deus. Também não importa se você grita em altos brados por Deus, agita as mãos ou sacode os punhos. Deus nunca está "lá fora"; portanto, não é preciso dar-se ao trabalho de agir como se assim o fosse. *Deus está dentro de você e de mim.* Deus não é ele ou ela! Deus não tem sexo, está além da dualidade!

Há dois mil anos, quando a grande entidade cristã, mais tarde identificada como Jesus, disse: "O Reino dos Céus está dentro de nós", queria dizer exatamente isso. O hábito de procurar Deus fora de nós mesmos manteve o Todo-Poderoso bem longe de nossas vistas. Deus pode ser visto na presença de cada flor, na luz de cada olhar. Tudo O Que Existe encontra-se *concentrado dentro* de cada pessoa, lugar ou coisa, dentro dos desígnios ou dos acontecimentos do tempo. Deus está onde quer que você olhe, no que quer que sinta ou veja. Deus é cada partícula do que você é, do que eu sou. Por que pretender que evocar as alturas ou o vento que passa trará uma resposta para a sua prece? Isso não vai acontecer.

Um grande exemplo de oração é dado em *The Pleiadian Documents*. Um lavrador que planta sua semente em terra fértil, depois da geada da primavera, realiza o primeiro ato de prece verdadeira. Deus criou o ser humano como uma extensão co-criadora de SI MESMO. Deus trabalha com você, mas não para você! O ato piedoso do lavrador estava a caminho da sua realização. Deus, na forma da natureza, recebeu a prece e começou imediatamente a fazer a semente germinar, para produzir uma farta colheita de milho. Se, ao contrário, o lavrador nada tivesse feito a não ser implorar a Deus que produzisse uma enorme colheita, essa pretensa prece não teria produzido coisa alguma.

Deus sempre está ao alcance de uma respiração e sempre se encontra mais do que disposto a dar-nos tudo o que somos capazes de ter a qualquer momento dado. Através da tácita comunhão interior, todos os nossos desejos são conhecidos e concedidos imediatamente. Entretanto, Deus não realiza o trabalho em si nem age como mensageiro para ninguém! Por essa razão, enviou você e eu a uma realidade *aparentemente* tridimensional para expressarmos e experimentarmos qualquer idéia que Deus ou o homem co-criador quisesse manifestar na Terra. Você é a mente, as mãos e os pés de Deus. Eu também sou, assim como qualquer outra pessoa, lugar ou coisa. Através de Deus, todo espaço e tempo podem ser aniquilados. Todas as coisas, são, portanto, possíveis.

A identidade com Deus é suprema. Quando você sabe que você e Deus são UMA MENTE, UM CORPO e UMA FINALIDADE absolutamente nada poderá impedi-lo de ter o que quer que deseje. Como o lavrador prudente, você sabe que seu trabalho consiste apenas em entrar em ação e plantar a semente do seu desejo num terreno fértil e no momento e lugar adequados. Uma semente plantada pelo lavrador em uma rocha não poderá criar raízes e crescer. Uma semente plantada antes de a geada deixar a terra congela-se e apodrece. Só a semente plantada criteriosamente produz uma colheita abundante. Deus faz o resto. Entretanto, se o lavrador não cuidar da jovem planta, eliminando as ervas daninhas que a poderiam sufocar — como a dúvida que sufoca as crenças frágeis —, ela poderá não amadurecer adequadamente. Deus envia o sol e a chuva igualmente a todas as plantas jovens no campo. Na qualidade de "mãos e pés", bem como de "olho" de Deus, cabe a você observar quando sua planta (ou idéia nascente) precisa de mais água ou sombra, assim como sua idéia pode precisar de mais energia ou de uma redução de intensidade. Energia demais pode despedaçá-la e, literalmente, eletrocutá-la, o que significa a morte tridimensional da idéia.

A arte da verdadeira oração significa que você se concentra em qualquer escolha feita em qualquer momento dado, dando-lhe toda a sua atenção. *Ouça então a voz interior para instruções ulteriores.* Logo que você souber qual é o próximo passo, aja sem hesitação. Não permita que idéias secundárias o desviem da sua sabedoria. Com Deus, nada é impossível; portanto, "eu não posso" ou "é impossível" não existem na realidade de Deus. Deus ouve e conhece todos os seus pensamentos. O ritual de falar com Deus em voz alta é apenas isto: um ritual vazio. Antes de ser expresso, seu desejo já está realizado interiormente. Agora, trata-se apenas de uma questão de tempo, e você está presidindo, tal como uma parteira, ao nascimento do evento no tempo. A *intenção* do tempo foi a *semente* do seu desejo. O *evento* no tempo foi o *nascimento* do seu desejo no mundo material.

A verdade de que Deus lhe concederá toda e qualquer coisa, mas que não o fará para você, deve ser implantada de modo indelével na sua mente. Tudo começa com um desejo ou uma prece. E termina exatamente aí, se não houver o elo perdido da sua ação. Quanto mais intensa for a prece ou o desejo, maior será a força fornecida para que assuma uma forma material.

A prece mais sábia de todas é aquela evocada por Jesus, há 2000 anos: *Senhor, esclarecei-me, até que eu conheça todas as coisas*. Aquilo em que você acredita não é absoluto. Mesmo aquilo em que você pensa o dia inteiro não é absoluto. Esses movimentos do ser pertencem ao universo elétrico ilusório. Entretanto, o que você sabe absolutamente é absoluto! Nada pode ser um obstáculo para esse tipo de prece.

Outro aspecto importante da oração, explicado em pormenores em *The Pleiadian Documents*, é que o nosso Deus de amor deu-nos uma porção de Si mesmo para que pudéssemos viver com ele no Universo Elétrico. Esse simples ato de amor é, literalmente, o que move o mundo. O que se recebe deve ser dado a um outro: esta é uma lei eterna e universal. Sem equilíbrio, a dualidade não pode existir. Portanto, é importante cumprir essa lei, se esperamos equilíbrio em nossos relacionamentos amorosos, com nossa família, com nossos seres queridos, com os amigos, com os vizinhos, com aqueles que, neste momento, conhecemos ou desconhecemos. Qualquer desequilíbrio entre duas pessoas que se amam acaba por destruir o relacionamento. O mesmo se aplica a amizades e acordos comerciais. O comprador e o vendedor devem ter um intercâmbio equilibrado, a fim de que não haja desarmonia entre eles. Essa lei de equilíbrio não pode ser violada por qualquer intenção ou evento do tempo.

Portanto, quando orar ao seu Deus interior querendo algo, é importante saber *exatamente o que você está disposto a dar* ao mundo em troca desse carinhoso dom de Deus. O universo não pára de girar em você. Para continuar girando, você tem de devolver ao mundo o que recebeu. Desse modo, cada forma de vida, pequena ou grande, pode se presentear com qualquer medida, pequena ou grande, de vida abundante que desejar. Como você pode ver, há mais do que o suficiente para todos! Só você determina a amplitude e os resultados da sua prece.

Oro para que o dom deste conhecimento, a partir da sua própria abundância, seja dado a uma outra pessoa.

Ellen
Chappelle
Pietsch

13

O casamento como um paraíso na Terra

Voando através das alturas celestiais do ser infinito,
Somos um só espírito alado.

Não chegamos ao nascimento físico como bebezinhos de mãos vazias. Cada um de nós tem inúmeras habilidades ou capacidades desenvolvidas, bem como uma provisão infinita de talentos ainda não desenvolvidos. Tudo isso foi adquirido e formado durante os longos períodos nos fogos evolucionários de nossas incontáveis experiências humanas.

O casamento como um Paraíso na Terra é formado da mesma formação de fragmentos após fragmentos. Duas almas que ora desfrutam do esplendor e do júbilo de uma união de almas gêmeas mereceram-no! Cada uma, em grau menor ou maior, está vivendo como Deus na Terra, deixando para trás os traços mesquinhos e as identidades sem sentido da personalidade. Duas mudanças importantes ocorreram em cada uma delas. O foco da personalidade diminuiu e a identidade da alma aumentou. Elas são personalidades impregnadas de alma, o que significa que, até certo ponto, dominam ou usam o maravilhoso veículo da personalidade, em vez de serem dominadas por ele! Suas sensações e instintos elétricos foram dominados de modo significativo. O amor que sentem uma pela outra é incondicional. Transcende as coisas insignificantes e mesquinhas da vida. Ignora as muitas e pequenas falhas, e até mesmo as grandes, que o companheiro igual e equilibrado exibe. Elas agora admitem a sublimidade que há muito têm em seu íntimo e em seus muito amados reflexos. Não há mais um enfoque nas pequenas idiossincrasias de qualquer outro ser humano, o que costumavam achar tão perturbador no seu íntimo! Não se perdem em viver no passado ou no futuro, mas vivem, de fato, na imediação do momento, no eterno agora que tudo abrange. São ambas belas, sensíveis e responsáveis criaturas de luz e caráter, que crescerão mais interiormente com o passar do tempo. Abandonaram a Era do Massacre e vivem, magnificamente, na Era do Caráter.

Compare esse esplendor com uma vida passada tristemente ao lado de um companheiro dotado de um ego medroso, incrédulo e egoísta, numa profana união conjugal. Se a carapuça lhe serve, use-a. Depois, desenvolva a sua sabedoria e livre-se dela. Nossas condições na vida são determinadas pelo estado da nossa mente. A fé ou o medo representam um grande papel nisso. Salientam as experiências positivas e negativas com as quais nos deparamos. Se você sente receios, dúvidas e desarmonia, não é o seu parceiro conjugal que constitui o problema. São os seus sentimentos de ignorância, causados por crenças falsas e maus pensamentos. É isso que provoca em você o estado de espírito irritadiço e o temperamento emocional altamente explosivo. Você é quem está apertando o botão do pânico. Se não gosta disso mude-o! *Enfrente-o, observe-o e elimine-o!* Trata-se do seu próprio problema interior. Por que persistir nele? Quando você abandona os problemas, eles também o abandonam, pois não podem viver sem energia.

Nenhum problema é criado por qualquer pessoa ou acontecimento exterior a você, não importa como ele se mostre na superfície. Poupe a consciência de "vítima". Não é alguma outra pessoa quem precisa de uma mudança de atitude. É você quem precisa de uma boa limpeza na casa. Sua alma gêmea merece o melhor! Mas você também!

Se quiser experimentar o casamento como um paraíso na Terra, saiba que ele não se formará da noite para o dia. O casal terá que se esforçar diariamente para isso. É prudente verificar sua temperatura emocional todos os dias. Examine os pensamentos conscientes que você nutre. Se estão cheios de irritação, você está operando num nível da personalidade. A depressão decorre de um enfoque exagerado em você mesmo ou no que os outros pensam a seu respeito. *O que os outros pensam sobre você não é da sua conta.* Eles são responsáveis pelos pensamentos e ações deles, e você é responsável pelos seus. Há muitos anos não me sinto deprimido nem inseguro, por mais que encontre, no meu caminho, obstáculos difíceis e aparentemente impossíveis de transpor. Aprendi que não sou o meu corpo ou os meus sentimentos ou a minha mente. *Eu sou a vida eterna interior e esses são meus instrumentos ou servos!* Assuma o comando dos sentidos do seu corpo. Essa é a primeira e a melhor coisa que você pode fazer por si mesmo. Seu relacionamento dentro do casamento e todas as suas outras interações serão mais equilibrados e fluirão mais regularmente.

A vida de casados entre almas gêmeas é um constante estado celestial de bem-aventurança? É claro que não! As almas gêmeas desfrutam juntas das expressões mundanas e simples da vida? Mais do que o normal. Há uma aura especial ou uma proteção divina que as mantém distantes dos problemas, das dificuldades e das aflições da vida? Sim e não.

O contato mútuo no nível da alma ajuda a soerguer as almas gêmeas nos períodos de dificuldades físicas, emocionais ou mentais. O livre-arbítrio relativo à reação não é violado. As almas gêmeas, como todos os outros seres humanos, acham muitas coisas na vida agradáveis. Procuramos experimentar todas as boas coisas que a vida oferece em todos os níveis do nosso ser. Em geral, quando somos equilibrados, o princípio básico é a temperança. A paixão ou o êxtase deriva de uma união consciente cada vez maior entre ambos e com o Deus interior.

Lembre-se de que o compromisso diário e de cada momento com a vida, bem como a vitória consciente, são o que produz o crescimento evolucionário. É preciso um choque para que o impacto ou a experiência fiquem registrados na nossa percepção. As almas gêmeas procuram conseguir um crescimento mútuo, produzindo assim excelentes reflexões nesse processo. Elas sabem que todo progresso se dá através de um embate de suas emoções (ou sentimentos de amor e ódio) e de suas reações ao imediato reflexo do prazer ou da dor. Algumas poderão discutir e aborrecer-se mutuamente nos níveis da personalidade, porém a maioria em geral consegue ajustar-se rapidamente e superar essas atitudes mesquinhas.

O tempo está sempre do nosso lado. A alma que liga as almas gêmeas mantém-se persistentemente *concentrada* e imutavelmente equilibrada *por trás* de todos os acontecimentos exteriores que abalam a Terra. Os problemas vêm e vão, mas o que poderia dividir aquilo que está sempre sereno e protegido? Há rupturas e separações? Sim, e a maioria por ignorância e pela variedade de fatores "X" que existem no interior de todos os relacionamentos e entre eles. Embora as almas gêmeas se encontrem num ponto de estabilidade no nível da alma, é raro que tenham graus iguais de desenvolvimento. Além disso, uma delas pode estar polarizada mentalmente, enquanto a outra lida, predominantemente, com as emoções. Mesmo se estiverem próximas no grau de comunhão espiritual, pode haver entre elas uma ampla lacuna de comunicação no nível da personalidade, ou em outros níveis, que precisa ser preenchida.

As almas gêmeas são almas gêmeas porque têm entre si um nível de comunicação *num nível da alma*. Nesse nível, não há nenhum problema. Elas concordam em tudo. Entretanto, resta a ampla variedade da vida diária vivida por ambas nos níveis da personalidade, mental, emocional e físico. Qualquer um desses níveis pode ser semeado com perturbações temporárias, que precisam ser reconhecidas e superadas. O divórcio, ou mesmo uma separação provisória, é muito incomum entre almas gêmeas, mesmo na nossa civilização "moderna", extremamente decadente. É preciso uma grande dose de perturbação ou de desequilíbrio, no nível da personalidade, ou nos três níveis inferiores, para destruir o estável relacionamento interior da alma.

As almas gêmeas são pessoas normais, como você e eu, que estão unidas à alma companheira em vida. Experimentam todas as dificuldades, alegrias e tristezas comuns, bem como a pletora de impactos dramáticos que ocorrem, aqui e ali, ao longo das rodovias e estradas secundárias da vida. Descobri minha alma gêmea e vivo com ela. Posso dizer, em primeira mão, que enfrentamos as diversas crises entre nós e as circunstâncias da vida exterior numa base regular. Esses desafios ajudaram-nos a crescer imensamente. Desfrutamos um casamento do tipo um paraíso na Terra! Ambos sabemos e apreciamos o fato de que a Terra nos fornece as oportunidades de desfrutar o êxtase da comunhão amorosa, enquanto experimentamos, sentimos e expressamos a vida sagrada. Espero que, em breve, você possa sentir esse mesmo êxtase.

Faço votos para que os céus se abram e derramem um grande fluxo divino de Luz, Amor e Poder na sua vida, na vida de seus entes queridos e no seu trabalho. Assim seja!

14

União de almas gêmeas: Um fenômeno em rápido crescimento

A roda do tempo, em eterna rotação, descortina uma cena nova e brilhante. Ela se eleva no horizonte.

Chegamos agora a uma definição mais científica de almas gêmeas. Não se trata da definição do "encontro no nível da alma", a que nos referimos até este momento. Ela a transcende. Prepare-se para um salto quântico de compreensão. A expressão "alma dupla" está bem perto da definição de uma verdadeira alma gêmea, mas ainda é inadequada. Você é a metade de um par, ou seja, se você é uma mulher, existe uma contraparte masculina que lhe corresponde. Essa divisão de polaridade igualmente equilibrada tem um alcance universal. Todas as formas de vida surgem em pares eletricamente opostos, desde a menor partícula de poeira até os sóis mais ardentes e rutilantes.

Normalmente, é raro que uma entidade se una fisicamente com sua contraparte exata, masculina ou feminina. Isso ocorre, com uma freqüência cada vez maior, durante uma importante mudança planetária, como a que está ocorrendo na Terra agora. A atual civilização está para sair da Era do Massacre e ingressar na Era do Caráter. Pois só quando o caráter é conhecido e desenvolvido é que pode ocorrer um salto quântico na consciência ou no conhecimento da luz. Os verdadeiros relacionamentos conjugais estão para começar e um intercâmbio igual e equilibrado entre os companheiros tornar-se-á normal. Hoje em dia, eles são anormais ou muito raros.

Os relacionamentos de almas duplas são muito diferentes dos de almas gêmeas. Os relacionamentos de almas gêmeas começam a se tornar freqüentes ou comuns, mas os alinhamentos de almas duplas ainda são poucos e muitos espaçados. Felizmente, isso está para mudar e espero que você exerça uma forte influência nessa mudança.

Não há várias verdades, mas apenas uma. Só Deus é verdade. Há tantas percepções diferentes da verdade quantas mentes existirem. Nenhuma dessas percepções diferentes pode englobar ou alterar a verdade única, pois ela é lei. A verdade é que Deus estabeleceu leis imutáveis que ninguém pode alterar. A mesma lei que governa o Universo Magnético governa o Universo Elétrico. Essas leis primárias de Deus e da Criação eram conhecidas e usadas na Terra pelos antigos mestres iluminados e iniciados, bem como pela civilização das Plêiades, há muitos milhares de anos.

No princípio fenomenal ou elétrico, o Um dividiu-se e multiplicou-se em MUITAS *luzes*. Cada uma dessas partes fragmentadas, ou luzes divididas, é metade de uma duplicata exata da Luz Una Total. Todos os pares devem então retornar ao UM, à nossa fonte. Cada um de nós é a metade de um par que deseja fundir-se de novo na UNIDADE de Deus. O Deus interior é sempre total e inteiro!

Durante a sua manifestação, cada parte separada de Deus é distintamente polarizada como uma forma feminina ou masculina. Sem isso, a dualidade, ou o começo da dimensão, seria impossível. Embora cada meia unidade seja distintamente masculina ou feminina, cada uma tem sua própria lei de unidade. Isto acontece porque o UM está centralizado dentro de cada forma de vida, sem exceção. Assim, em todos os reinos da natureza, as unidades masculina e feminina estão constantemente lutando para unir-se e encontrar equilíbrio com um par igual. Essa mesma lei de ação aplica-se também ao reino mineral. Os átomos, as abelhas, os seres humanos, tudo enfim existe como identidades singulares e polarizadas masculinas ou femininas, e corpos correspondentes. Cada ser se relaciona com outro de sua própria espécie ou campo de existência. A noite é a parte de carga, ou masculina, do ciclo de ondas de um único dia. O dia é a metade de descarga, ou feminina, do ciclo. A compressão é masculina; a expansão, feminina. O espaço é masculino; a massa, feminina. O cubo é feminino; o círculo, masculino. Todas as formas, campos e dimensões são governados por essa lei imutável de equilíbrio.

Em reinos inferiores ao homem, uma interação consciente entre unidades polarizadas só acontece em níveis físicos. Seduções emocionais — como tons suaves, cores brilhantes, perfumes exóticos e outras desse tipo — são usadas para atrair as contrapartes, alcançando o auge na união sexual.

No nosso reino humano consciente, usamos os quatro níveis de impressão ou impacto — físico, emocional, mental e intuitivo (ou alma) — como pontos de contato sexual entre mulheres e homens. Dessa forma, aumenta consideravelmente nossa capacidade de fundir-nos e de unir-nos em diversos níveis de igualdade.

As almas duplas são espelhos ou reflexos perfeitos uma da outra. Outras expressões, tais como chamas duplas, gêmeos astrológicos, espíritos afins, simplesmente aumentam um emaranhado de confusões. É fácil notar que, com muita freqüência, pessoas bem-intencionadas, porém ignorantes, impuseram suas próprias crenças limitadas às várias ciências da vida, desvirtuando assim seu significado. Muitas das mais importante verdades bíblicas foram intencionalmente omitidas ou alteradas para favorecer o domínio de vários dirigentes e sacerdotes. *A doutrina universalmente* conhecida do renascimento ou da reencarnação foi deliberadamente removida da Bíblia. Outras vezes, as "forças adversárias das trevas", contrárias à consciência de Deus, recorreram a agentes da Igreja e do governo para confundir e iludir as massas, esperando assim retardar o trabalho atual das "forças da luz". Estão fadadas ao fracasso, pois o verdadeiro amor, o casamento, as almas gêmeas e os conceitos do Deus Único estão eternamente entrelaçados na tapeçaria do céu e da terra para que todos vejam. Deus sempre vence!

A época da união das almas é agora. Nesta nova e dourada Era do Caráter, o impulso consciente de almas gêmeas que anseiam por suas contrapartes equilibradas, que as procura e se unem a elas, aumenta diariamente. Onde, oh, onde está ela, ou ele, essa brilhante estrela que se ergue em nossos futuros céus? Na distante noite do tempo, pode ter existido uma pessoa especial que está de volta, esperando e desejando a sua presença. Estamos numa era tumultuada, em que todas as coisas assumem proporções extremas, o antigo desmorona-se rapidamente e o novo ergue-se das cinzas. Durante algum tempo, a enorme diferença entre essas eras é exageradamente pronunciada. Em breve, a antiga energia familiar desaparece e a nova e estranha energia torna-se familiar à consciência pública. Neste despertar da Era do Caráter, Sua Sagrada Presença desperta dentro da vanguarda das massas e produz uma grandiosa reunião com nosso parceiro polar.

Nossa alma gêmea pode ou não encarnar-se na nossa época. Nesse caso, pode ou não haver uma possibilidade de reunião. Se você se lembrar de que você não é o seu corpo físico nem essa personalidade que conhece nesta breve existência, a compreensão desse particular virá. Sua eterna ligação com sua alma gêmea está além do espaço e do tempo. O tempo em si é uma grande ilusão.

O tempo não é o que parece ser. Para nossa alma e espírito, o tempo, como é entendido segundo o nosso modo de medir, não existe. A ilusão de que os acontecimentos estão separados neste e naquele dia ou nesta e naquela existência só ocorre no cérebro. Num nível da alma e do espírito, todo o tempo é um só. A divisão do grande Eterno Agora não existe. Portanto, estamos sempre num estado de união ou de unidade com a nossa alma dupla no reino da alma ou do eu.

Chegou a Era do Caráter. As almas duplas e as almas gêmeas estão entrando, uma a uma, em sintonia umas com as outras. Os homens e as mulheres estão desfrutando do êxtase sagrado da alma (o eu como um todo) e do espírito, cuja santidade permeia o núcleo do ser. Enquanto não acontece essa dupla união equilibrada, a vida individual continua a ser um desejo persistente e inquieto, uma vontade profunda de encontrar a harmonia ou a fusão com o desejo de nossos corações e mentes.

Na verdade, as almas duplas nunca estão realmente divididas. Deus é indiviso. Só nos níveis da forma é que as divisões parecem existir. Assim como cada célula do corpo se divide e reproduz bilhões de células, cada qual seguindo o exato padrão gravado dentro de si, também Deus dividiu o Eu divino.

Conhecer-se é conhecer o Eu divino. Se estamos nos unindo com nossas almas gêmeas, é importante que nos conheçamos. O adágio "conhece-te a ti mesmo", atribuído aos gregos, teve sua origem em épocas muito mais remotas da antigüidade. Os gregos apenas reformularam a grande verdade subjacente: enquanto não conhecermos a nossa qualidade e substância, é impossível conhecer realmente a qualidade e a substância dos outros e, especificamente, da nossa alma gêmea.

Através de milhões de anos de evolução, estamos agora conscientes de "outros eus" porque nos tornamos, primeiro, conscientes de nós mesmos. Uma vez estabelecida a consciência do eu, tornou-se possível a próxima percepção extensiva da dualidade — ou do eu e do reflexo além do eu, ou alma gêmea. A dualidade permite duas perspectivas bidimensionais. A realidade tridimensional nasceu da tríplice divisão do UM. Os dois Eus divinos só podiam emergir do Deus uno que os precedera e os estendera no tempo, no espaço e no movimento, ou num campo tridimensional. Assim teve início a Trindade primária. Foi estabelecida Uma Divindade Trina. Que importa se essa Trindade é chamada de Pai, Filho e Espírito Santo ou Shiva, Vishnu e Brahma? Nada! Os adeptos dessas duas principais religiões estão nomeando e definindo seu próprio enfoque singular desta Trindade primária da Criação. A Lei dos Três refere-se ao Um Indiviso, subjacente ao Dois Dividido e estendendo-o numa forma multidimensional (ou cosmos).

Um pensamento em sonho ou uma experiência em sonhos são verdadeiros no nível dos sonhos. Visto a partir de uma consciência física inteiramente desperta, parece não ser verdade. Você sabe que é apenas um sonho e que, portanto, não tem realidade ou verdade no nosso plano tridimensional. Por outro lado, do ponto de vista do seu eu sonhador, olhando para trás, para a perspectiva do plano exterior de sua consciência física, o que você e eu consideramos a nossa *vida real* é, para o seu eu sonhador, o "sonho" que o nosso eu interior (ou consciência interior, nossa alma) está sonhando! Que ponto de vista está certo ou é verdadeiro? Ambos! Cada um é verdadeiro no seu nível de existência.

Você é um ser, mas é também espírito, alma e corpo, exemplificando a Lei dos Três. Cada um é verdadeiro no seu nível. Levando este pensamento mais adiante, você também consiste em sete camadas básicas de eletricidade, ou em sete revestimentos de pele, como diz o Livro do Gênesis. Esses nomes variam segundo as diferentes escolas de pensamento, mas a essência é a mesma:

1) Corpo físico
2) Corpo emocional
3) Corpo mental
4) Alma, ou corpo intuitivo
5) Deus, O Corpo Todo Eu Sou Espírito
6) Deus, O Corpo Dividido/Multiplicado Mãe/Pai
7) DEUS, O CORPO E ESPÍRITO INDIVISOS

Como você sabe, a pessoa comum permanece identificada ou concentrada nos primeiros três corpos citados. Ele, ou ela, está apenas começando a ter consciência da alma ou essência intuitiva. Se ele, ou ela, penetra nessa essência, destaca-se entre toda a humanidade.

Pense na esplêndida ordem de toda a criação. Nela, não há acidentes. Cada partícula, forma e nível de vida está no lugar certo, no momento certo, com o sinal masculino ou feminino certo. A biologia, a geometria e a matemática do universo são exatas e precisas. Através do conhecimento dessas leis, embora pouco por enquanto, adquirimos mais confiança em nossas vidas, no nosso ser, na estabilidade e eternidade do mundo, bem como na Grande Vida Una que chamamos de Deus, que se encontra no interior do mundo, oculto nele e centrado em nós mesmos.

Nenhum professor autêntico fornece informações falsas intencionalmente. Apresentei o que sei e penso sobre todos estes assuntos. Espero que esses conhecimentos o estimulem a conhecer e a pensar por si mesmo. Espero ardentemente que você encontre em breve a sua alma gêmea que, neste exato momento, está vibrando em harmonia com você. Ele, ou ela, está chamando. Ouça e ouvirá!

Que a pomba da paz desça às profundezas do seu ser. Que você possa ser mais uma brilhante estação de luz dentro do arco ascendente de Cristo em você. Que um fio dourado de consciência possa muito em breve ligá-lo à sua alma dupla, atraente, reflexiva e querida! Assim seja.

15

O sexo no cosmos

A caçada sublime nunca termina.
Os dois são um.
Todos se unem sob
a lua e o sol cósmicos.

O sexo é tudo, sob vários aspectos. Sem sexo, não poderiam existir almas gêmeas e você não estaria hoje aqui, lendo esta frase. Isso é fundamental. O sexo vai muito além de "transar" ou de "fazer amor". Todo o corpo deste universo é sexual. A menor partícula de sua massa é sexual.

Por quê? Eu esperava que você me perguntasse!

Quando o DEUS INDIVISO de luz ainda magnética começou a criar o universo dividido e multiplicado de eletricidade e realidade aparente, essa divisão deu origem à polaridade pai/mãe/homem/mulher. Essa dádiva amorosa seria eternamente doada para uma criação subseqüente e contínua. A energia dada ao pai foi simultaneamente devolvida à mãe; assim teve início a pulsação ou palpitação do universo, de todo o cosmos, que se multiplicou e dividiu daí em diante. Assim são criadas as almas gêmeas.

O intercâmbio sexual deve continuar eternamente entre todas as unidades divididas e multiplicadas no Universo Elétrico. A compressão e a expansão, a bomba ou pistão da maior estrela à menor partícula de um átomo são apenas interações do tipo masculino/feminino. A compressão produz secura quente e a expansão, frio úmido. Essas são as únicas duas substâncias básicas no ciclo criador. Apenas duas formas geométricas básicas formam a base de todas as outras formas no cosmos. Por sua vez, a esfera ou o sol quente arrefece através da expansão, para formar novamente um cubo frio. Este ciclo de compressão/expansão continua *ad infinitum.*

Também quero mencionar aqui que esta inspiração/expiração, ou dobramento/desdobramento, ocorre na mínima partícula e tem num ponto — quando a onda elétrica está em amplitude num ponto alto ou baixo da depressão — um sol minúsculo, porém real, tão real como o nosso jovem sol nos céus acima da Terra.

O sexo tem sido difamado e mal usado neste nosso planeta. É chegado o momento desse princípio do sexo ser compreendido para elevar e beneficiar as pessoas, em lugar de controlá-las e aviltá-las. Seja qual for o aspecto da dualidade — para cima/para baixo, dentro/fora, macio/duro, frio/quente, úmido/seco —, a polaridade masculino/feminino está igualmente dividida nela. Os sóis quentes ou esferas incandescentes são masculinos, enquanto o cubo frio do espaço é feminino. A compressão é masculina; a expansão, feminina; o movimento centrípeto é masculino; o movimento centrífugo, feminino. De qualquer ponto de vista — químico, elétrico, ótico, do espectro da luz e até mesmo das oitavas de som — tudo pode ser identificado a partir do princípio do sexo masculino/feminino, que se encontra oculto em seu interior. Toda a tabela periódica dos elementos é hoje geralmente conhecida, e qualquer metal pode ser fundido ou esfriado para transformar-se em outro elemento. Cada átomo da existência compõe-se de uma onda de luz elétrica. Não há nenhuma diferença exterior entre os átomos de uma borboleta, de um ser humano ou de uma nuvem no céu. A identidade de qualquer forma está registrada e retida para sempre nos nove gases inertes, dentro das nove oitavas completas da tabela periódica dos elementos.

Na Era do Caráter que se aproxima, o sexo será conhecido como mais do que uma palavrinha de quatro letras. A total compreensão do sexo como a base de todos os reinos da natureza dará à civilização um avanço de mil anos em dez anos. Os dados completos são discutidos em *The Pleiadean Documents,* já mencionado. À medida que dez almas esclarecidas contam a mais dez almas esclarecidas, que continuam contando a mais dez, *ad infinitum,* toda a população da Terra ficará literalmente iluminada. Espero que você descubra estas verdades e as transmita a dez outras almas que você conheça e que estejam prontas para despertar. Enquanto isso, tenho a certeza de que você ficará encantado por iniciar sua verdadeira educação sexual.

Ellen
Chappelle
Pietsch

16

A ciência das uniões verdadeiras

Não um a um, mas dois a dois, entrareis pelo portão do meu novo reino.

Todos os relacionamentos podem ser permanentes, desde que ocorra um intercâmbio equilibrado entre todas as "relações" envolvidas. Na nova ciência agora na terra, a palavra-chave é equilíbrio. A segunda palavra que ajuda a esclarecer melhor a idéia é rítmica. A palavra final, que reúne, local e universalmente, todo o processo contínuo da criação, é intercâmbio. Unamos todas elas e teremos intercâmbio rítmico equilibrado.

Estude cada uma dessas palavras cuidadosamente e veja como elas se harmonizam perfeitamente. Toda a história da criação está contida nelas. Os pares equilibrados, que se unem e se desdobram, procuram eternamente juntar-se à unidade. Isto não pode ser feito no Universo Elétrico, mas apenas no Universo Magnético. Portanto, o pêndulo continua a oscilar sem parar. O masculino e o feminino dão-se igualmente, unem-se ou repousam por um breve instante, para repetirem de novo e continuamente o processo.

Na vida real, prática, a sua alma gêmea entrará na sua experiência física quando você o quiser com bastante firmeza. Depois, se esse intercâmbio continua ou não, permanentemente, com essa pessoa, depende inteiramente do ato de dar e retribuir entre vocês dois. Se um dos parceiros da união for um *tomador*, então a união se dissolverá em breve, por mais fascinante ou atraente que possa parecer na superfície. A natureza sempre proporciona o maior exemplo de sabedoria ao nosso redor. A natureza nunca toma, sempre dá. Só o ser humano, agindo como um co-criador com Deus, toma e destrói a si mesmo e à natureza. A lei do amor nunca muda — simplesmente dê o que recebeu e a abundância transbordará por toda parte! Dê uma boa olhada em seus hábitos: você é um tomador ou um doador? Seja honesto na sua avaliação, pois você só enganará a si mesmo e aquele que age desse modo é o maior de todos os tolos!

Houve ocasiões — talvez até momentos — em que você poderia ter dado hoje o que tem com tanta fartura? Quando alguém envolvido em trocas recebe sua cota equilibrada, reina a harmonia. Ocorre o contrário quando alguém recebe menos do que o devido, mesmo que nada seja dito ou feito a respeito no momento.

Você e a sua alma gêmea foram atraídos um para o outro porque os dois se equilibram. Vocês também são maravilhosos espelhos ou reflexos mútuos. O crescimento de uma natureza pessoal pode ser agora acelerado imensamente. O importante não é o que você pode obter de um relacionamento, mas, sim, o que você pode lhe dar. Se há um desequilíbrio evidente entre você e o seu par, procure ver, antes de tudo, o que pode fazer a respeito. Quando você aponta um dedo para a sua alma dupla, está apontando-o para si mesmo! A "consciência de vítima" era uma atitude comum em eras passadas. Este é o começo da Era do Caráter. Ninguém é responsável pelo seu caráter. Sua realidade é inteiramente criada por você mesmo. Se você não a aprecia, mude-a. Em geral, uma simples mudança de atitude opera milagres!

Em resumo, um par verdadeiro é a outra metade do que você é. Quando você se dá inteiramente ao seu par, tudo lhe será devolvido. Sua vida será jubilosamente satisfeita. Você o mereceu!

O doutor Michael é autor de dez livros sobre auto-aperfeiçoamento. Foi jogador profissional de basquete, compositor, apresentador de seu próprio programa na televisão, *Os Mistérios da Vida,* e ensinou Psicologia na Universidade de Estudos Humanísticos, em San Diego, Califórnia. Em 1984, recebeu o Prêmio Halo de Bronze do Conselho de Cinema do Sul da Califórnia por sua contribuição como autor, conferencista, filantropo e humanista.

Leia também:

Russ Michael

O Amor Incondicional das Almas Gêmeas

Michael – conhecido mundialmente como o Sr. Alma Gêmea – foi quem introduziu a palavra e o conceito de Alma Gêmea na consciência coletiva com o seu primeiro livro, *Como Encontrar sua Alma Gêmea*, *best-seller*, nos vários países em que foi editado. Neste seu novo livro, ele amplia e atualiza as dicas ou técnicas que criou para facilitar a identificação dessas almas nas mais diversas situações e circunstâncias.

Lembrando-nos de que fazemos parte de um Universo que está em contínua vibração e de que cada pessoa tem uma vibração própria, a identificação da nossa alma gêmea obedece à Lei da Atração ou do magnetismo pessoal que, inconscientemente, nos leva a ficar próximos da pessoa que formará conosco o par ideal.

Essa vibração pessoal, segundo Michael, se condensa ou se sintetiza numa nota musical que vibra de um modo único quando a mesma nota é emitida por outra pessoa. Michael, afinal, adaptou a lei da ressonância natural dos corpos sonoros ao âmbito das almas, e o que ele faz neste livro é ensinar como apurar o ouvido da mente para identificar a alma que vibra em consonância com a nossa.

ALEGRIA E TRIUNFO

Eis um livro que apresenta verdadeiras receitas contra a angústia, o medo, a incerteza, a falta de confiança própria e outros obstáculos que, somados, resultam no "atraso de vida".

Nele não encontrará o leitor nenhum ritual cabalístico ou fórmula misteriosa, de difícil enunciação, mas simplesmente os meios de despertar em seu íntimo as poderosas forças do Eu Superior ou seu Cristo Interno.

Com efeito, desde a leitura de suas primeiras páginas, sentimo-nos animados daquela *fé dinâmica*, que tantos prodígios tem realizado no mundo.

Fugindo ao processo adotado pela maioria dos tratadistas da matéria em questão, o autor procurou demonstrar como devemos aplicar a Fé em nossa vida prática, citando centenas de animadores exemplos, em que a alegria e o triunfo voltaram a brilhar na vida dos desesperados e necessitados.

"O vosso Eu Sou, ou Cristo Interno, é o vosso deus pessoal ou a partícula divina em vós, *a qual tem todas as qualidades de Deus e todos os poderes para realizar as vossas aspirações*, desde que não sejam prejudiciais às dos outros."

Baseados neste princípio citado pelo autor, repetindo as *afirmações especiais* oferecidas para casos de urgência, sentimos tamanha convicção da existência do *poder interno* que possuímos, que dificilmente voltaremos a ser dominados pelos nossos piores inimigos: a angústia, o ódio, o ressentimento, o temor das dívidas e outras torturas que, em geral, acabrunham a maior parte da Humanidade.

Como os pensamentos negativos abatem o nosso sistema nervoso, prejudicando a nossa saúde física e moral, notarão os que seguirem os conselhos e os contagiantes exemplos apontados no livro que, ao cabo de pouco tempo, estarão com boa disposição mental e saúde normal.

"*É vontade de Deus que prospereis e vivais na abundância de tudo o que é bom e desejável.*"

Ora, mantendo viva essa afirmação em nosso espírito, fortalecemos o nosso subconsciente e passamos a repelir a idéia de que viemos a este mundo para cumprirmos uma "provação" de miséria, fome, pobreza...

Deus nos vê como seres perfeitos, *criados à sua imagem e semelhança*, possuindo poder e domínio.

Essa é a perfeita idéia de nossa entidade, registrada na Mente Divina, à espera do nosso reconhecimento, pois só poderemos manifestar o que a nossa mente puder ver que somos e alcançarmos *aquilo que ela nos vê alcançando*.

Portanto, mediante a disciplina da imaginação e os esplendores da Fé Dinâmica, tão bem apresentada neste livro, terá o leitor a chave da sua alegria e seu triunfo!

Ilustrado com inúmeros exemplos de difíceis problemas, que encontraram rápida solução *através da força interna que possuímos*, o livro apresenta ao leitor muitos casos que lhe dizem respeito, como também aos seus familiares e amigos, apontando-lhes uma saída salvadora.

É o que a todos desejamos, para que doravante possam viver com alegria e triunfo!

EDITORA PENSAMENTO

SUA ALMA GÊMEA ESTÁ CHAMANDO

Michael

Este sentimento é geral
e não tem uma explicação
racional. Mas você sabe que
em algum lugar, neste exato
momento, alguém muito especial,
sua alma gêmea, espera e chama
por você. E você ouve, não sabe
como, uma mensagem que
na essência diz: "Onde está você?",
"Estou esperando por você",
"Eu quero você!"

EDITORA PENSAMENTO